※この情報は2023年10月現在のもので、平常時のものを記載しています。新型コロナウイルス感染症の感染拡大の影響を含めて、営業日・営業時間、座席数や予約の必要など、営業内容を平時から変更している場合がございます。事前にご確認ください。

※メニューは特別な記載がない限り税込表示となります。

※料理の内容は撮影時のものです。季節やその日の仕入れによって内容、価格が異なりますのでご了承ください。

環坂

かんさか

「黒毛和牛ホホ柔らか煮とオニオン」。箸ですっと切ることができる柔らかさ。上質な肉の旨味とともに口の中でほどける。皿はほんのり温かく細やかな心遣いのもてなし。

ご褒美&お祝いランチ

頑張ったご褒美や、家族や友人との大切なお祝いに、おめかしして出かけたい。丹精込めた料理と心の込もったもてなしが特別な時間を彩ります。

まず始めに通されるウェイティングルーム。大きな窓で切り取られた一枚の絵画のような里山の風景が迎えてくれる。食後のティータイムもこちらでゆっくりと。

厳選食材と もてなしの心で作る カウンター席の 至福のフルコース

　宇都宮市長岡、環状線から一本横道に入り、緑豊かな細道を進んでいくと、どこか懐かしさを感じさせる里山の風景が現れます。そんなのどかな景色にすっと溶け込むように佇む「環坂」は、今日もお客さまの訪れを静かに待っています。

　風情ある玄関、どっしりとした扉を開くと、まず始めに趣ある小さな部屋に通されます。古民家を移築したという古材の温もりが感じられる空間に、小さな丸テーブルと椅子がちょうど人数分用意されており、大きな窓からは美しい里山の景色が望めます。ここで一息つくことで、静かに湧き上がってくる高揚感に身を委ねることができます。

　今日の食事を純粋に楽しんで欲しいと願う、オーナー坂寄シェフのもてなしのストーリーはもうすでに始まっているのかもしれません。

シェフのもてなしの心は器一つにも行き届いている。

MENU

chefにおまかせのフルコース料理
10,450円

時の積み重ねを感じる古民家の大きな梁《はり》。その下に長く延びる、ゆったりとしたカウンター席。最大6名までのお客さまを迎え、饗宴の舞台が幕を開ける。

ほどなくして落ち着いた設《しつら》えのカウンター席に案内され、いよいよフルコースの開宴です。「信頼できる農家、信頼できる肉屋、信頼できる魚屋」から調達したという安全な厳選食材に技術と手間を惜しげもなく施し、丁寧に作り上げた珠玉の料理の数々。それらを絶妙なタイミングでシェフ自らがサーブします。ゆったりとしたカウンター席からは、目の前で料理を仕上げるシェフの手さばきを見ることができ、器一つにも心を砕き、繊細に美しく盛り付けられた料理を五感で味わうことができます。一皿一皿ゆっくりと箸を進めるたびに、心豊かに満たされる至福の時間。最終章のデザートまで楽しんだ後は、再び始めの部屋へ。小さな焼き菓子付きのコーヒータイムで食後の余韻に浸ります。

上）「越前港から“天然平目”のヴァプール」。旬のインゲン豆とその餡がヒラメの旨味を引き立てる。中）「アオリイカのマリネ&真鯛のチーズ焼」。新鮮野菜を添えて。下）「さくらの木で燻し焼にした醤油麹漬けの宮崎クロハナ牛」と「枝豆の炊き込みご飯」。

DATA

住 宇都宮市長岡町160-4
TEL 028-600-1819
営 12:30開宴
休 月・火曜
席 カウンター席 6席　全席禁煙
事前予約制
¥ カード不可　電子マネー不可
URL http://kansaka.com/
（予約はホームページから）

ACCESS

宇都宮駅から北西へ約7.5km
（車で約20分）

上）食後は部屋を移動し、コーヒーや紅茶をゆっくりといただける。この余韻に浸る時間も至福のひととき。
下）食事の最後にさっぱりとしたデザートを。無農薬栽培の桃の氷菓など、体も心もうれしい一口。

穏やかに歓迎の意を伝える玄関。日本の四季を感じながら扉を開く。

安全と健康に配慮した料理を心を込めてお作りしております。周囲の景色とともに、食べて感じて楽しいひとときをお過ごしください。

オーナーの
坂寄誠亮さん

1985年に宇都宮市街でオーナーの坂寄シェフはレストランを開いた当初から、時代を先取りするかのように、無農薬野菜などを用いた健康に配慮した料理と、心の込もったサービスで、長きにわたりお客さまを喜ばせてきました。環状線の開通とともにこの地に移転し、カウンター席のみの「環坂」をオープン。メニューは一種類のみ。完全予約制で一日限定6名まで。食事のスタート時間も予め決められています。「こんな不自由なレストランですが、それでも行きたいと言ってもらえる店を目指して、ベストな食材・空間・接客を当たり前に提供し、気持ち良くお客さまにお帰りいただきたい」とシェフは熱く語ります。

親しい人たちだけで心おきなく寛いでいただけるようにと、テラスに個室（最大10名収容可能）が誕生。愛犬も同伴OK。

フレンチ｜宇都宮市

森のフレンチ Aoyagi

もりのふれんち　アオヤギ

MENU

■ ランチ（前日までに要予約）
ソレイユ 3,850円／ヌァージュ 4,950円／アオヤギ 7,150円

■ ディナー（3日前までに要予約）
アニヴァーサリーディナー（ホールケーキ付き）14,300円

ランチコース「ヌァージュ：前菜・スープ・魚料理・肉料理・デザート・コーヒーまたは紅茶、自家製パン」の一例。

森の中の非日常空間で楽しむ
“Farm to table”の体にやさしいフレンチ

森の木々に包まれ、高原の別荘地を訪れているような優雅なレストラン「Aoyagi」。壁一面のガラス窓から木漏れ日が降り注ぎ、吹き抜けのダイニングに着席した瞬間から、ここが宇都宮市郊外だということを忘れさせてくれます。

「誕生日や記念日などのハレの日や、自分へのご褒美に、日常から離れて、体にやさしい料理をゆっくり楽しんでいただきたいですね」。こう話すのは、フランス各地で約10年間、研鑽《けんさん》を重ねたオーナーシェフの青柳磨采さんです。

ここでの料理は、〝Farm to table〟の体にやさしいフランス料理。自社農園で農薬も化学肥料も一切使わずに育てた旬の野菜や果物、安全な飼料により農園内で平飼いのアローカナ鶏の卵を使用。調味料も精製塩や精製糖は使わず、体にやさしいものだけを使っています。安心安全な食材により、基本に忠実に丁寧に調理する一皿一皿に「おいしく、楽しく、やさしい時間を」との思いが込められています。

「ロケーションだけでなく、料理にも非日常を大切にしています」。安心安全な農園産の食材のほかには、漁港から届く旬の魚貝や甲殻類など、厳選した上質な食材も華やかで楽しい食事を彩ります。「特別な日や自分へのご褒美にこそ、苦手な食材だけでなく、食べたい食材を予約の際に積極的に伝えていただければ」と青柳シェフ。予算に応じてリクエストの食材によるメニューを組み立ててもらえます。シェフをはじめ、スタッフの温かなもてなしも魅力です。

2022年からは、「あおやぎマルシェ（毎週土・日限定、朝8時～11時）」を開催。農園産の無農薬野菜や果物、栄養価の高いアローカナ卵、焼き

ランチコース「ヌァージュ」。前菜の一例「サーモン・マグロ・ブリを使った野菜のタルタル」にはグラスシャンパーニュを一緒にいかが。

さわやかな森の木立の中に佇む「Aoyagi」。幹線道路からほんの少し入った便利な立地にありながら、まるで高原の別荘地のよう。上質な非日常空間で味わう体にやさしいフレンチを緑に囲まれた空間で。

左）右下）安全な飼料だけで育てられている「自社農園産アローカナ卵」は、青色で栄養価の高いのが特長。ランチのデザートでも人気の「濃厚プリン」にも使われている。右上）毎週土・日限定「あおやぎマルシェ」は店のエントランス前で開催。

DATA

㊟ 宇都宮市下砥上町56-8
TEL 028-684-0122
営 12:00～15:00（L.O.14:00）
18:00～22:00（L.O.20:00）
※昼・夜とも完全予約制
［土・日限定］マルシェ 8:00～11:00
㊡ 月・火曜
席 テーブル・テラス個室20席　全席禁煙
¥ 予約可　カード可　電子マネー可
URL https://www.resto-utsunomiya.com/
インスタグラム、フェイスブックあり

来店されるすべてのお客さまに「おいしく、楽しく、やさしい時間」を過ごしていただけるよう、スタッフ一同、心よりおもてなしさせていただきます。

マネージャーの
影澤ひろみさん

ACCESS

西川田駅から北西へ約2.1km
（車で約5分）

たて自家製パン、フレンチ惣菜を店のエントランス前で販売しています。２０２３年には、森に包まれる非日常空間を親しい人たちだけで独占できる「テラス個室」が完成。小さなお子さまや愛犬も一緒に、心おきなく寛ぎの時間を過ごせると好評です。お客さまの「おいしく、楽しく、やさしい時間」のために進化し続ける「Aoyagi」の、今後がますます楽しみです。

TRAMONTO

トラモント

ここで過ごす時間が思い出となる
高台に佇むイタリアンレストラン

　２０２３年３月、宇都宮市の市街地から少し足を延ばした、閑静な住宅街にオープンしたイタリアンレストラン「TRAMONTO」。店の入り口へと向かう階段を、一段ずつ上るたびに、どんな空間、料理、時間が待っているのか、期待に胸が高鳴ります。

「店名の『TRAMONTO』とは、イタリア語で夕日や夕焼けを意味します。初めてイタリアへ訪れたとき、列車の窓から見た、トスカーナの田園風景を照らす夕日の情景が、今でも自分にとって大切な記憶となっているんです。お客さまにも、この店から眺められる夕暮れと過ごすかけがえのない時間が、素敵な思い出となる場所でありたいと願っています」。そう話すのは、オーナーシェフの阿久津孝弘さん。美容師から料理人に転身。その持前のセンスを存分に発揮し、都内各所の有名イタリアン、そして神奈川県葉山にある名店「SOLIS - Agriturismo」の料理長を務めた後に、地元栃木にUターン。トスカーナ

上）ランチタイムは「ライトランチ」と写真の「スローランチ」の2種のコースを用意。パスタとメインディッシュは、数種の中からお好みで選べる。 左下）高台からの眺望が楽しめる店舗。 右下）店内中央に配されたガラス張りの厨房。

MENU

スローランチ（自家製フォカッチャ・前菜&サラダ・季節のスープ・パスタ・メインディッシュ・本日のデザート・お飲み物）3,300円／ライトランチ（自家製フォカッチャ・前菜&サラダ・パスタ・本日のデザート・お飲み物）1,980円／グラスワイン900円～

上）奥行きのある店内。ゆとりのある落ち着いた空間が広がる。左下）各所に飾られている季節の花々。右下）窓に沿うように客席が設けられ、どの席からも自然風景が眺められる。

の情景を思い起こさせる、夕暮れの見える高台のこの場所に店を構えたのは、そんな思いが理由となっていました。

白を基調とし、中央にオープンキッチンを配した奥行きのある店内。客席の両サイドは大開口窓となっており、明るく開放的な空間が広がります。キッチンからは客席の様子も見渡すことができるので、料理を出すタイミングやお客さまの反応もうかがえるのも、同店ならではの特徴。阿久津さんは、調理中でも些細な心配りを忘れません。

イタリアンをベースに、地元の食材を生かして、各国の料理のエッセンスを絶妙に加えた感性豊かな一皿は、洗練された味わいと食通の間でも話題です。「那須野ヶ原牛」や「とちぎ霧降高原牛」、「ヤシオ

左上）日が暮れるとムーディーな雰囲気に一変。ディナータイムもおすすめ。 左下）店の奥に半個室を完備。 右）手作りのデザートにシャンパンを添えて。

DATA

㊟ 宇都宮市富士見が丘2-13-14
TEL 028-678-6350
営 11:30～15:00、17:30～21:00
休 火曜、第２月曜
席 32席　全席禁煙　予約可
¥ カード可　電子マネー不可
URL https://www.tramonto.site
インスタグラム、フェイスブックあり

開放的な空間で、ごゆっくり食事をお楽しみください。スタッフ一同、皆さまのご来店を心からお待ちしております。

オーナーシェフの
阿久津孝弘さん

ACCESS

宇都宮駅から北西へ約3.5km
（車で約12分）

マス」など栃木県産のブランド食材ばかりでなく、今後は、葉山や三浦半島の魚介も取り入れたメニュー展開や、地域の方々とコラボレーションして何か新しいアクションを創造していきたいと、構想中の阿久津さん。心に色濃く残るいくつもの思い出は、この先もきっと、この場所から生まれていくことでしょう。

〈会席〉のランチ「日光御膳」。※季節ごとに内容は変わります

日本料理・洋食料理｜日光市

THE RITZ-CARLTON, NIKKO

ザ・リッツ・カールトン ニッコウ

左）四季折々の絶景に心癒やされる「ザ・リッツ・カールトン日光」。日光が錦色に染まる頃は格別。 右）日光東照宮に祭祀される家康公にちなみ、天ぷら（地元野菜を使用）、麦飯（日光滋養米）、デザートに安倍川もち（栃木県産きな粉）も特別な木箱に。

大切に育てられた食材で栃木を表現
ここでしか味わえない特別なランチ

間近に迫る男体山と中禅寺湖の美しい眺望に心安らぐラグジュアリーリゾート「ザ・リッツ・カールトン日光」。伝統工芸・鹿沼組子のモチーフによる装飾やアート作品が配され、洗練された中にも温かみのある上質空間が広がります。２０２３年６月に開催された「Ｇ７栃木県・日光男女共同参画・女性活躍担当大臣会合」では、本会場として各国大臣をもてなしました。

「最初のひと口から最後のひと口まで、楽しんでいただけるように、一皿一皿の料理、さらにコース全体を作り上げています」。そのために大切にしているのが「味わう人の目線に立ち、味わう人を思って作ること」――。そう話すのが、パリの名だたる星獲得レストランをはじめ、日本国内

MENU

■日本料理 by ザ・リッツ・カールトン日光（ランチコース）
会席－日光御膳 7,200円（要予約・税・サービス料込）／寿司－菖蒲（あやめ）13,000円（要予約・税・サービス料込）

■レークハウス
ランチコース 7,200円（要予約・税・サービス料込）

「日本料理 by ザ・リッツ・カールトン日光」のダイニング。伝統工芸・日光彫の職人がデザインから手がけた装飾が施されるなど、ほかにはないゴージャスな空間。

のラグジュアリーホテルでの活躍の経歴を持つ、中村健介総料理長です。

　ザ・リッツ・カールトン日光で、“食”によるもてなしを担うダイニング――「日本料理 by ザ・リッツ・カールトン日光」と、洋食レストラン「レークハウス」では、中村総料理長を中心に料理人自らが県内各地の生産者を訪ね、大切に育てられた“顔の見える”食材を厳選。「旬の地元食材により、栃木のすばらしさを表現したい」と創意工夫を凝らし、ここでしか味わえないランチ、ディナーを栃木の旬の素材が彩ります。

　「中でもランチは、宿泊されるお客さまだけでなく、観光で訪れた方、地元の方々にも気軽に足を運んでいただき、

上）中）産地直送の旬のネタによる江戸前寿司を益子焼作家・松崎健氏の特別な器で。 下）地元生産者が大切に育んだ食材が一皿一皿を彩る。レストラン「レークハウス」ランチコース・メイン料理の一例。

左）料理人が一丸となり最上のもてなしを提供。右）「レークハウス」のテラス席とダイニング。湖畔に佇むボートハウスで休日を過ごすような優雅な寛ぎのひとときを。

DATA

(住) 日光市中宮祠2482 (TEL) 0288-25-5776
(営) ［日本料理 by ザ・リッツ・カールトン日光（会席・寿司・鉄板焼）］
12:00～15:00（L.O. 14:00）
17:00～22:00（L.O. 20:30）
※鉄板焼はディナータイムのみ
［レークハウス］
11:00～15:00（L.O.14:00）
17:00～22:00（L.O.20:30）
(休) 無休※寿司のみ月曜・水曜定休
(席) ［日本料理］60席［レークハウス］30席
(¥) 全席禁煙　予約可
(URL) カード可　電子マネー不可
https://www.ritzcarlton.com/ja/hotels/tyonz-the-ritz-carlton-nikko/overview/
インスタグラム、フェイスブックあり

ACCESS

清滝ICから西へ約13.8km
（車で約20分）

栃木のすばらしい食材に日々向き合い、丁寧に作っている料理を通して、栃木県の魅力を多くの方に知って楽しんでいただければ幸いです。心よりお待ちしております。

総料理長の
中村健介さん

ザ・リッツ・カールトン日光の魅力を見て、感じて、味わっていただける場だと思っています」。こう話すのは、「会席」「寿司」「鉄板焼」を提供する「日本料理 by ザ・リッツ・カールトン日光」の宮国智則統括料理長です。

「会席」でのランチのおすすめは「日光御膳」。旬の地元野菜や特産物、栃木県産和牛など、厳選した食材を使用。会席料理に仕立てられた栃木のおいしいものが、オリジナルの木箱にぎゅっと詰まっています。

奥日光の豊かな自然と、世界遺産「日光の社寺」の神聖な地に抱かれたザ・リッツ・カールトン日光のダイニングへ、ぜひお出かけを。

フレンチ｜那須塩原市

HIKARI SHOKUDO

ヒカリショクドウ

MENU

ランチ4皿コース 3,800円／フルコースディナー 6,800円～／ボトルビール 900円～／グラスワイン1,000円～／ソフトクリーム 600円

上）ランチコースのパスタ。瑞々しいグリーンが食欲をそそる、「青紫蘇の冷製フェデリーニ」。ディルなどのハーブやハーブの花が効いた、香り高く奥深い味わい。下）通りに面したファサード。レストランの手前ではオーガニックのヴィーガン食材を販売。

左）ランチコースの前菜盛り合わせ。旬の素材が目にも美しい一皿。右）食材は量り売りが中心。ヴィーガン、サステナブル、ゼロ・ウェイストが店の指針。

好奇心を刺激する未知の食体験
食から学びが広がるヴィーガンフレンチ

JR黒磯駅から徒歩十数分、個人商店が立ち並び、歩いて町を散策する人でにぎわう通り沿いに「HIKARI SHOKUDO」はあります。〝黒磯の町〟と聞くとこのエリアを思い浮かべる方も多いかもしれません。店主の薄井国能さんは、この町で生まれ育ち、19歳から飲食の道に入りました。

「HIKARI SHOKUDO」を始めたのは、2017年。その4年前に、『EAT & RUN 100マイルを走る僕の旅』という一冊の本との出合いをきっかけにヴィーガンになったことで、必然的にヴィーガンレストランを開くことになりました。この本の著者、スコット・ジュレクは、完全菜食主義者でありながら米国の伝統あるトレイルランの大会で7連覇したという伝説的人物。薄井さんはこの事実に驚き、自分自身で試してみたいと思い、ヴィーガンとランニングを同時に始めました。ランニングは初心者だったものの、今では定期的にトレイルランの大会に参加するほどに。実践しながら学びを深めヴィーガニズムの本質に触れるにつれ、ヴィーガンとして生きる以外の選択肢はないと確信。店では定期的にヴィーガニズムについてのお話会などのイベントも開催しています。

ほかにも、月に一度は「ラーメンの日」としてラーメンを提供する日や、店を通じて出会った仲間と一緒に、昼は「パフェ部」、夜は「赤提灯部」と銘打って、店内でヴィーガンのスイーツや寿司などを提供する飲食イベントを不定期開催しています。

ヴィーガン料理だからと言って食の幅を狭めるのではなく、試行錯誤を重ね自由に楽しんでいくという姿勢が垣間見えます。普段の営業は完全予約制ですが、飲食イベント時は予約なしでどなたでも気軽にお立ち寄りいただけます。ランチコースの料理は薄井さん

左上）ショップには厳選された食材が所狭しと並ぶ。 右上）ランチコースのメイン、「ズッキーニのギャレット」。 植物性素材のみでも食べ応え十分。 下）キッチンに立つシェフの薄井さん。

左）大人気のヴィーガンドーナツ。コロナ禍でレストラン営業を休止せざるを得なくなり、ドーナツのオンライン販売を始めた。レストラン再開後は店頭でも購入可能に。右）ランチコースのデザートとハーブティー。「李《すもも》のコンポートを添えたブランマンジェ」。

DATA

㊟ 那須塩原市豊町8-39
TEL 0287-79-9051
営 ［ランチ］12:00～15:30（L.O.14:00）
［ディナー］18:00～22:00（L.O.21:30）
休 不定休
※営業日はHPのカレンダーをご覧ください
席 テーブル席22席　全席禁煙
予約可（完全予約制）
¥ カード不可
URL https://www.hikarishokudo.com/
インスタグラム、フェイスブックあり

ACCESS

黒磯駅から西へ約750m
（徒歩で約10分）

コース料理を楽しみながら、
ゆっくりお過ごしください。

店主の
薄井国能さん

がフレンチの料理人として長年培ってきた経験をベースに、そこから動物性食材を抜いたヴィーガンフレンチです。動物性食材を使っていないからといって侮るなかれ。厳選された食材を使い、世界各国のハーブやスパイス、調味料や野菜などを駆使して作られる美しい一皿一皿は未知の食体験を与えてくれることでしょう。

創作料理｜那須塩原市

美食工房 ラトリエ・ムッシュー

びしょくこうぼう らとりえ・むっしゅー

左）右）広い厨房を一手に引き受けるシェフの力さん。きびきびと動くシェフの手元からは次々と美しい料理が出来上がっていく。カウンター席から見られる料理風景は、さながら食のエンターテイメント。大きな窓の向こうには那須の深い森が広がる。

緑深き森の中の隠れ家で
非日常のひとときを過ごす

観光地でもなく別荘地でもない、地元の人の抜け道のような那須の森の中に突如として現れる重厚な建物。それが「美食工房 ラトリエ・ムッシュー」です。先代のシェフでありオーナーの宮崎康典さんは、都内の有名ホテルや那須のリゾートホテルで総料理長を務めた後、同じくホテルでシェフを務めていた息子の力さんと一緒に、２０１３年に「美食工房 ラトリエ・ムッシュー」を開きました。２０２０年に店を力さんに引き継いでからは、力さん一人で腕を振るっています。

白を基調としたやさしい光の満ちる店内は、入り口のドアから横の壁一面がガラス張りになっていて、那須の森の木々が揺らめく様子を眺めることができます。

MENU

5皿のランチコース 6,600円／7皿のランチコース 11,000円／8皿のディナーコース 16,500円／グラスシャンパン 1,870円／グラスワイン 1,100円～

ランチコースの中の4皿。野菜は近隣の柏農園のものを中心に、食材はできるだけ地元のものを使いながら、各地からこだわりの食材を吟味し使用。

客席はフルオープンのキッチンを囲むようにぐるりとカウンター席が配置されています。「対面で料理をしているので、それぞれのお客さまに合わせて塩加減を変えたり、料理の細かな調整ができるんですよ」と、力さん。「一人で料理を作るのでどうしてもお待たせしてしまうこともある。けれど、待ち時間も料理をしているところを見ながら楽しんで待っていただけるんです」と、フルオープンのキッチンならではの良さを感じているのだそうです。

料理はシェフのおまかせで、フランス料理をベースにしながら、フュージョンと呼ばれる多国籍な創作料理のコース

上）６名テーブル席の個室を完備。プライベートな空間で料理を楽しめる。中）下）店内の棚には海外のクックブックなどの書籍がぎっしり。オリジナルの皿や美しい調理道具も飾られている。

DATA

㊟ 那須塩原市高林1721-101
℡ 0287-73-8550
営 [ランチ] 12:00～14:30
[ディナー] 18:00～21:00
休 月・火・水・木曜
席 カウンター席11席 個室6席　全席禁煙
予約可（完全予約制）
¥ カード可　電子マネー可
URL http://latelier-monsieur.jp/index.html
インスタグラムあり

森の中でゆっくりとお食事を
お楽しみください。

シェフの
宮崎力さん

ACCESS

黒磯板室ICから北西へ約5.9km
（車で約9分）

上）森の中に佇む隠れ家のよう。 左下）「うなぎのコンフィとフォアグラのポアレ」。 バルサミコと山椒オイルのソースが濃厚な中に上品なさわやかさを加える。 右下）磨き抜かれた調理道具の美しい厨房。

を、その時期の食材に合わせて組み立てます。記念日やお誕生日に、毎年通って来られる常連が多いというのもうなずける。特別な空気を纏《まと》った空間や料理が味わえます。

テイクアウトの商品として、とちぎ和牛を使用したビーフシチューやカレー、野菜のスープや煮込み料理などを冷凍パックで用意。食事をされた方がお土産に購入されることが多いそうですが、営業時間内ならテイクアウト商品だけを買いに行くことも歓迎とのこと。定期的に一度に10パックずつ買い求める常連もいるという、人気の商品です。通販サイトや百貨店での購入もでき、思いを込めて作られたレストランの味を、新鮮さそのままに自宅でも楽しめます。

からだ よろこぶランチ

食べる人のことを思って丁寧に作られた、栄養たっぷりのやさしい料理。一口食べれば体に染み渡るそのおいしさに、心満たされ元気が湧いてきます。

上）下野農園の象徴でランチの名物でもある「サラダヒルズ」。生、蒸す、焼く、煮る、揚げるなど、さまざまな野菜料理がビュッフェスタイルで味わえる。下）住宅街に佇む白いクールな外観が目印のレストラン。

創作料理｜宇都宮市

下野農園

しもつけのうえん

「栃木県のこだわりの農家さんを応援」がコンセプトの「下野農園」。県内の契約農園産の旬の野菜や果物をふんだんに使い、牛、豚、鶏肉などの食材も県内産にこだわった料理を提供。ナチュラルテイストのおしゃれな空間で味わえるとあって、２０１０年のオープン以来、女性を中心に野菜好きの人たちに大人気のレストランです。

　メニュー表には、料理名とともに、使われている農畜産物の産地と農園を掲載。県内各地でこんなにもおいしい食材が育てられていることをあらためて実感できます。「栃木県には、あまり知られていない優れた農畜産物がまだまだたくさんあります。こだわりの農家さんはおいしいものを育てるプロでも、ＰＲや情

栃木の農畜産物のおいしさを発信
知って、味わって、実感してほしい

報発信をあまり得意としていない方も多くいらっしゃいます。料理に使用するだけでなく、情報発信によっても応援できれば、と実践しています。もちろん、料理の提供時の説明もそんな農家さんたちのことが伝わるよう努めています」とのこと。

　店内の棚に並ぶ下野農園編《へん》纂《さん》の「ストーリーブック」や

「こだわり農園野菜ランチ」の一例。選べるメイン料理「那須豚と県産トマトのホロホロ煮込み（手前右）」「農園野菜と白身魚の蒸し焼き（手前左）」ほか。

MENU

こだわり農園野菜ランチ 1,760円~
※サラダヒルズ·前菜 or スープ·メイン（6種類から1品選択）·十五穀米·味噌汁·デザート·飲み物付き

上）開放感にあふれ広々としたフロア。中）下）「こだわり農園野菜ランチ」よりメイン、前菜の一例。心の込もった丁寧な調理、おしゃれな盛り付けからも農園への応援の気持ちが伝わる。

ホームページにも、農園主の人となりやこだわりの農法、ほっこりするエピソードまで丁寧に紹介されていて〝応援〟の気持ちが伝わります。

　ランチで味わえるのは、月替わりの「こだわり農園野菜ランチ」。旬の、そのときにしか採れない食材に合わせて、ランチの名物、ビュッフェスタイルの「サラダヒルズ」はもちろん、前菜、スープ、メイン料理、デザートまで毎月変わります。野菜ランチの中でも、目当てに訪れる人も多い、おかわり自由の「サラダヒルズ」。人気の「ニンジンラペ」など定番のデリのほか、旬の野菜の食感、香り、味わいを最大限に生かしたさまざまなレシピによる全16種類の野菜料理が、手作りドレッシングとともに店内中央に並びます。

　サラダヒルズや前菜、メイン料理の付け合わせなどに大活躍するこだわり農園の旬の野菜は、店先の直売所で購入可能。味わった野菜料理を「家で真似してみよう」というお客さまに喜ばれています。

DATA

㊟ 宇都宮市下戸祭2-3-2
TEL 028-678-6593
㊫ 11:30～15:00（L.O.14:00）
17:30～22:00（L.O.21:30）
㊡ 月曜（祝日の場合は翌日休）
席 72席（テーブル席・カウンター・テラス・個室）
全席禁煙　予約可
¥ カード可　電子マネー不可
URL http://shimotsukefarm.com
インスタグラム、フェイスブックあり

ACCESS

宇都宮駅から北西へ約3.1km
（車で約14分）

栃木の食材のおいしさを実感したら、農園や食材についてさらに詳しく紹介しているので、当店公式ホームページをチェックしていただければうれしいです。

写真／レストラン入り口

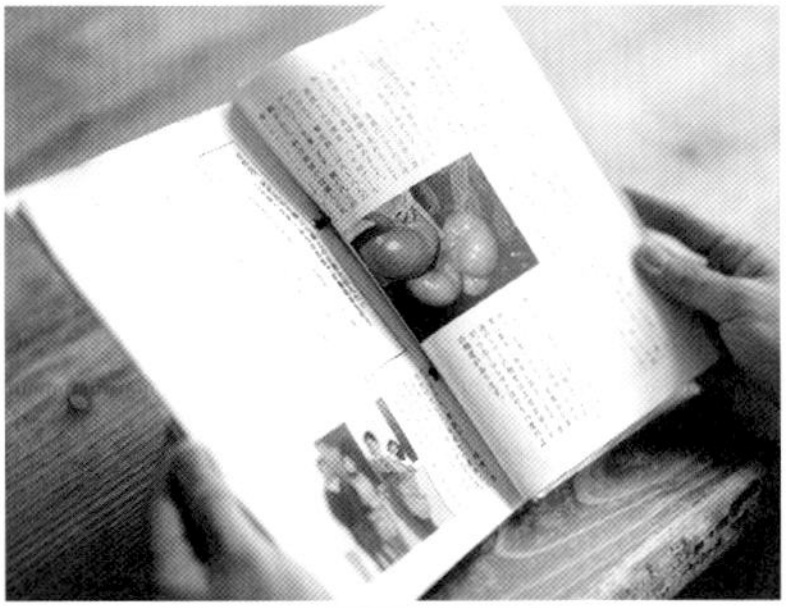

左上）レストラン正面入り口脇では、その日のランチにも使われていた、こだわり農園産の野菜、果物のほか加工品も直売。右上）店内の棚に備えた「ストーリーブック」。料理を待つ間に、ぜひご一読を。下）大人な雰囲気のカウンター席や個室も完備。

MENU

＊季節に合わせて献立が変わります
摘み草の昼ご飯(早春期) 2,200円／山菜の昼ご飯(春期) 2,200円／天然山女の昼ご飯(夏期) 2,200円／天然きのこの昼ご飯(秋期) 2,200円／自然薯と生姜のぽかぽか昼ご飯(冬期) 2,200円

那須の里山料理　草花宿

なすのさとやまりょうり　そうかじゅく

夏期のランチメニュー「天然山女の昼ご飯」。新鮮な天然ヤマメの腹には山椒を混ぜた餅米が詰めてあり、ほんのりと香る山椒のさわやかさに思わず箸が進む。

清らかな水と里山の恵み
季節料理で心も体も健やかに

那須街道の広谷地交差点から車で10分ほど行くと、森に囲まれた静かな別荘地に「那須の里山料理 草花宿」はあります。店主の前山さん夫妻は那須へ越してくる前は東京の企画会社で働く会社員でした。当時は仕事がとても忙しく、不規則な生活に不摂生な食事という日々。そんなかつての自分たちのような人にも、時には都会を離れ、那須の自然の中で育まれた季節ごとの土地の恵みを食べて元気になってもらいたい、そんな気持ちで始めたのがこの「那須の里山料理 草花宿」でした。店を始めた１９９９年から24年。今も変わらぬ思いで、丹精込めた里山料理でお迎えしています。

　取材に伺った夏の時期のお昼ご飯は天然のヤマメがメインの御膳でした。素材の味が引き立つ薄めの味付けが、夏の暑さに疲れた胃腸にもやさしく、野かんぞう、おかひじき、布袋竹など、里山料理ならではの食材もふんだんに、さまざまな食感を楽しみながらい

左）緑に囲まれたテラス席。近くを流れるせせらぎや木立を渡る風の音に耳を澄ませ、心落ち着く時間を。右）那須の森の中の別荘のような外観。

ただけます。井戸水でふっくらと炊いたご飯に添えられた味噌も手作りで、季節ごとに、山椒、ノビル、茗荷《みょうが》など旬の里山の味を。仕込み塩はこだわりの岩塩で、食べる味噌として塩分は控えめにしているので、まろやかな味わいが楽しめます。地元の釣り人に分けていただくという天然ヤマメは、釣れた直後に内臓を処理しているので、臭みがまったくなく、川魚が苦手な方でもおいしく召し上がっていただいているという評判の一品。蒸してあるので柔らかく、頭から骨まですべて食べてしまう方もいらっしゃるそうです。

秋には天然のキノコ、冬には自然薯、早春には摘み草料理、春には山菜料理と、季節のうつろいを感じる献立がいただけます。山菜、筍、山椒、

上）長テーブルの並ぶ落ち着いた雰囲気の店内。 左下）昼ご飯のセットのデザートと薬草茶。 右下）益子から買い付けている器や木製のカトラリーなどを店内で販売。 食事を待つ間に買い物を楽しめる。

DATA

住 那須郡那須町寺子丙2164-43
TEL 0287-77-7023
営 ［昼のお食事］11:00～14:00L.O.
［夜のお食事］18:00～22:00
（夜は前日までに要予約・昼は予約不要）
休 月・火曜
席 テーブル席16席　テラス席8席
全席禁煙　予約不可
¥ カード不可　電子マネー不可
URL https://soukajuk.com/

ACCESS

那須高原スマートICから南西へ約4.8km
（車で約8分）

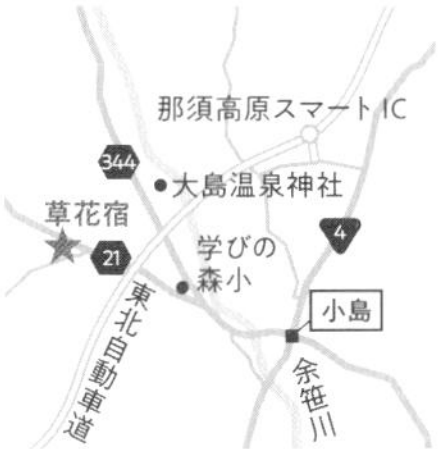

上）前菜盛り合わせは籠に盛り付けられたとりどりの小さなおかずが楽しい。下）前山さん自作の棚には益子焼きがずらりと並ぶ。照明や鏡などもDIYで制作。

摘み草などの里山の食材は前山さん夫妻が自分たちで採りに行かれているとのこと。
　薬草はもちろんのこと、私たちが日常的に取っている野菜など食材それぞれの効能のお話も興味深く、自然の恵みの力強さやありがたさをあらためて感じます。緑あふれる自然の中で滋味深い里山料理をいただき英気を養って、清々しい気持ちで日常に戻れそうです。

夏の昼ご飯セットの食前にいただく「赤紫蘇ジュース」。甘さひかえめの程良い酸味がすっきりと食欲を増進する。

季節ごとの自然の味で心も体もリフレッシュしていただきたいです。

店主の
前山賀昭さん

MENU

汁飯香（しる･めし･こう）1,800円／一汁三菜 3,000円／一汁七菜 5,000円（要予約）／手作り梅シロップのソーダ割 660円／地酒各種 50ml 330円～

汁飯香の店　隠居 うわさわ

しるめしこうのみせ　いんきょ うわさわ

「一汁三菜」の一例。土鍋ご飯と「らっきょうのたまり漬」などの漬物、定番の「なめこのたまり炊の玉子とじ」が並ぶほか、味噌汁にも旬の地元野菜を使うなど月替わりの料理が御膳を彩る。

同店で一番シンプルな御膳「汁飯香（しる・めし・こう）」の一例。上澤梅太郎商店の看板商品「らっきょうのたまり漬」のほか、8種類の漬物の盛り合わせに、ふっくらツヤツヤな土鍋ご飯、季節の味噌汁。日本の朝ご飯の原風景に癒やされる。

庭の四季と築150年の伝統家屋「豊かな朝食」を伝え続ける

味噌、醤油、漬物を製造販売する、創業４００年の老舗「上澤梅太郎商店」が運営する朝ご飯専門店として、２０２０年にオープンした「汁飯香の店隠居うわさわ」。

「日本の朝食の風景として当たり前だった味噌汁、ご飯、漬物（汁・飯・香）ですが、時代を経て当たり前ではなくなりつつあるのが現状です」と話す「隠居うわさわ」の上澤佑基さん。「決してぜいたくではないけれど、汁飯香のある〝ごく普通の朝食〟を召し上がっていただき、その豊かさをあらためて感じていただければ、うれしいですね」。

代々のご隠居さんが暮らし〝隠居〟と呼ばれてきた築１５０年の伝統家屋で、四季折々の風情に心癒やされる日本庭園を目の前に眺めながら、

女将の上澤りえさんが丁寧に調理する汁飯香を基本とする朝ご飯が味わえます。

ご飯は、地元日光の山間部の清冽《せいれつ》な水で育てる「日光棚田米」を、「毎回お客さまに炊きたての、いちばん良い状態でお出ししたい」と、来店してから土鍋で炊き上げて提供。季節の具材の味噌汁には、日光の米と大豆で作る上澤梅太郎商店「日光味噌」を使用しています。

そして、こだわりの漬物―手作り味噌の技術を生かして作るたまり漬。看板商品は、伝統技術で手間暇かけて作る「らっきょうのたまり漬」です。主に県内産の厳選したらっきょうを、独自のたまり液を使用し、薄い味から濃い味に徐々に漬け替えを行い長期熟

上）広縁の先に広がる庭園からの心地良い風を感じながら、汁飯香の朝ご飯をゆったりと味わえる。中）お客さまが到着してから炊き上げる土鍋ご飯。下）食後の和菓子も女将さんによる手作り。

白い暖簾をくぐり「うわさわ」へ。早春の梅から、品種の異なる3種類の桜が4月末まで、藤、紫陽花、百日紅《さるすべり》、紅葉、雪景色まで、折々の庭園の景色も魅力。

成。加熱処理を行わない〝非加熱〟だからこそ、ピーンと張ったつややかな表面とシャキシャキの歯応えに。さらに、漬かり具合を見極め、最高の状態のものをと、毎朝蔵出し。「隠居うわさわ」では、その日の朝、蔵出ししたばかりのらっきょうが味わえます。

白壁沿いに1分ほど歩いたところにある「上澤梅太郎商店本店」では、「隠居うわさわ」で味わった味噌やたまり漬を販売。「こちらで体験した汁飯香の朝食をご自宅でも、と日常に取り入れていただけることを願っています。私どもの味噌や漬物を通じて、お客さまの日々の生活をより豊かにするお手伝いができればいいなと思っています」。

DATA

㊟ 日光市今市487
℡ 0288-25-5844
※営業時間外：0288-21-0002（上澤梅太郎商店本店）
㊑ ［土・日・月曜］8:30～14:00（L.O.13:00）
㊡ 火・水・木・金曜
席 16席（テーブル席・個室）　敷地内全面禁煙
予約可※注文からご飯を炊き上げるため予約をおすすめします
¥ カード可　電子マネー可
URL https://www.tamarizuke.co.jp/inkyo-uwasawa/
インスタグラム、フェイスブックあり

ACCESS

今市駅から北西へ約600m
（徒歩で約8分）

「一汁七菜」のおかずの一例。旬の野菜による「すり流し」「トマトとキウイのなます」など彩りも豊か。

宿場町の風情が残り、日光・鬼怒川への旅の拠点としても便利な今市へ、ぜひお出かけください。手作りの朝ご飯をご用意し、お待ちしております。

上澤佑基さんと
女将の上澤りえさん

その日の食材で決まる旬の一皿、「ズッキーニとアンチョビのピッツァ」。前菜の盛り合わせとグラスナチュラルワインを合わせれば、幸せなランチの出来上がり。

イタリアン｜那須塩原市

MENU

森のマルゲリータ 1,800円／しいたけのピッツァ 1,650円／ズッキーニとアンチョビのピッツァ（夏季のみ）1,800円／本日の前菜盛り合わせ 850円～／グラスナチュラルワイン 800円～

Pizzeria Pico

ピッツェリア ピコ

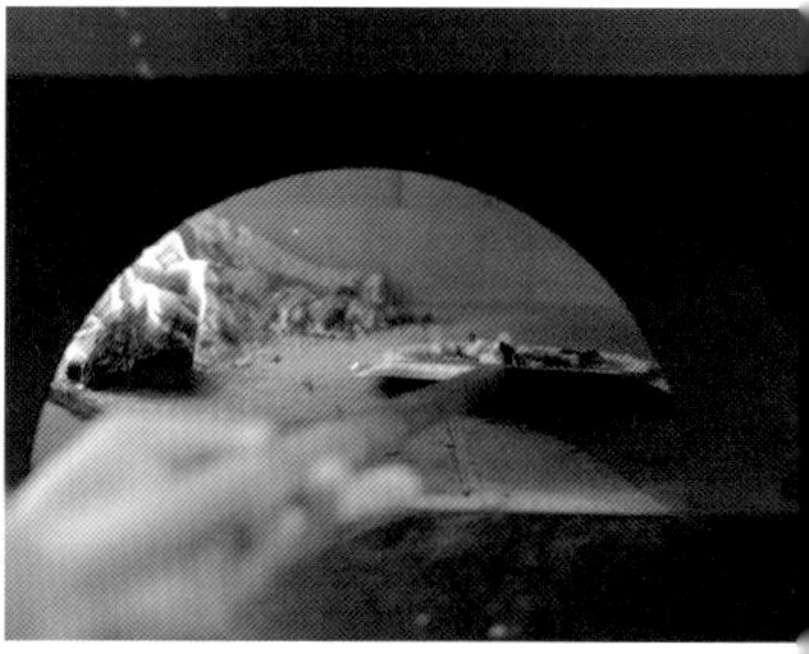

左）天井が高く開放感のある店内。窓からはやさしい光が注ぐ。右上）職人の手仕事で製作されたオリジナルデザインのピザ釜。時にはピッツァ以外に炭火料理も提供する。右下）地元の生乳を使ったフレッシュなチーズを使って作るピッツァはもちろん格別。

ピッツァ一枚でローカルを表現
老若男女の集うにぎやかなピッツェリア

那須、黒磯の玄関口、JR黒磯駅の正面に佇むパン屋「KANEL BREAD」、「Iris bread & coffee」の隣に、系列店三店舗目として２０２２年に開店した、「Pizzeria Pico」。隣との程良い空間を作っている中庭の植栽が気持ち良さそうに風に揺られています。じつはこの場所には、役目を終え、長年使われなくなってしまったビルが建っていました。駅前にそのような建物があることは町の印象さえも左右しかねない。風景を変えたい。そう考えたオーナーの岡崎哲也さんは、昔からの夢の一つだったピッツェリアをこの場所に造ることを決意しました。

ピッツァと言えば、新鮮なチーズが必要です。栃木県は本州一の生乳の生産地でもあり、那須には良質なチーズを作る小さな工房がいくつもあります。そこから技術協力を受け、敷地内にチーズ工房を造設し、２０２３年秋の稼働に向けて準備を進めています。チーズを作る際の副産物として生まれるホエイは系列店舗でのパンの仕込み水として使用し、廃棄する素材を作らないように工夫しながら、さらにはコクが出て栄養価も高いといいこと尽くめ。ピッツァに使っている食材は地元農家さんや千葉の漁師さんと直接取引をして採れたてのものを仕入れています。

ピッツァとともに忘れてはいけないのが、ナチュラルワイン。常時80種類ほどのワインの中からその日の料理に合わせて7、8種類を提供しています。「普通においしい、なんていうものは出したくない

上）左下）こだわりの内装。客席の作り付けベンチやテーブル、照明なども職人の手仕事。右下）「前菜盛り合わせ」と「クラフトレモネード」でピッツァを待つ。自家製のノンアルコールドリンクが多いのもうれしい。

左）中庭に面した入り口。テラス席では風が心地良い。右）焼きたての「森のマルゲリータ」と「本日の前菜盛り合わせ」に、キリリと冷えたナチュラルワイン。

DATA

(住) 那須塩原市本町5-2
(TEL) 0287-74-3923
(営) ［ランチ］11:00～15:00（L.O.14:30）
［ディナー］18:00～22:00（L.O.21:00）
(休) 火・水曜（祝日営業）
(席) テーブル、カウンター席30席　テラス席20席
全席禁煙（テラス席のみ喫煙可）　予約可
(¥) カード可　電子マネー可
(URL) https://pico-pizza.jp/
インスタグラムあり

ACCESS

黒磯駅から西へ約62m
（徒歩で約1分）

ナチュラルワインと地域の食材を生かした、黒磯にしかないピッツァを食べに来てください。

シェフの秋元悠さん（左）と大山和也さん（右）

んですよ。どれを食べてもめちゃくちゃおいしい、そう感じてもらえるように日々精進しています」と、岡崎さん。

店造りにも細部までこだわりました。居心地の良い内装デザインはもちろんのこと、建材には県内産の杉材や大谷石を使用。照明や什器からピザ窯まで、職人の手仕事で作られています。食材も建材も技術も、地域の中で循環させながら、ローカルの食文化を育てていくという精神を体現。

老若男女が集う気さくでおおらかな雰囲気の店内で、ナチュラルワインとピッツァと音楽とおしゃべりを楽しみながら、ローカルの良さをあらためて感じることができそうです。

Farm to table restaurant
Ours Dining

ファームトゥテーブルレストラン アワーズ ダイニング

上）「那須のめぐみランチ」のお野菜御膳。畑で丹精込めて育てた四季折々の大地の恵みを八溝の木箱に盛り込み食卓へ。左下）右下）シェフの正遠さんがサステナブル建築を実践し、友人たちとともに建てた店舗。内装も外装も自然素材が使用され、やさしい雰囲気に包まれる。

那須の観光地にありながら、緑あふれる広い庭と、オーナーシェフの濱口正遠さんがサステナブル建築を実践し、友人たちとともに建てた店舗が気持ちの良い空間を造り上げている、アワーズダイニング。那須に移転する前は徳島の街なかで5年ほどレストランを営みながらも、もっと自然に近い場所で畑を耕しながら店をやっていきたいという思いでたどり着いた場所が那須の土地でした。

目にも美しく、体にも地球にもやさしい旬の創作料理に熱心なファンの多いアワーズダイニング。じつはオーナーの濱口さん夫妻は出会った時は、二人とも飲食業は未経験だったそうです。農家を目指していた正遠さんに、後に妻となる淳子さんが、いきなり農家になるよりもまずは飲食業を経験して、食べ手の気持ちを知ったり、野菜や農業の知識を身につけていったらどうか、と提案したのが始まり。そんな流れで働き始めたレストランで、瞬く間に正遠さんの料理

MENU

那須のめぐみランチ（お野菜御膳）2,780円／那須のめぐみランチ（お肉入りの御膳）3,350円／赤ルバーブ酵素ジュース 550円／自家焙煎玄米珈琲 500円／ノンアルコールカクテル 600円

丹精込めて育てた四季折々の食材で
季節のめぐりを楽しむ食卓

上）テラス席からは広々とした緑いっぱいの庭が眺められる。中）ランチのデザート、「カモミールミルクのジェラート」と「自家焙煎玄米珈琲」。下）地元農園のルバーブを使った「ルバーブのソーダ」。

人としての才能が開花。レストランだけでなく、懐石料亭やペンションの料理人を務めることもあったそうです。

徳島から那須に移転して15年目の2020年には、認定農業者の認可を受けました。レストランの片手間に畑をやっているというわけではなく、農家がレストランをしているという二人の目指すかたちに一歩ずつ近づいてきています。店の近くに借りている土地で自然農で育てている畑からは、季節ごとにさまざまな野菜が収穫されます。自分の畑でまかないきれない食材は、信頼している生産者から仕入れ、調味料や加工品などほとんどのものを、素材本来

左上）5月から11月の間、緑あふれる広い庭では自然の中で「大日向マルシェ」が開催される。左下）看板ヤギのアズキちゃんがお出迎え。右）やさしい光が満ちる店内。

DATA

㊟ 那須郡那須町高久甲5834-14
TEL 0287-64-5573
営 ［お昼ごはん］12:00～15:30（L.O.13:30）
［夜ごはん］18:00～21:00（L.O.19:00）
※夜ごはんは現在お休み中
休 水・木・金曜　冬季休業あり
席 テーブル席20席　全席禁煙　予約可（完全予約制）
¥ カード可
URL https://oursdining.jp/natural_restaurant/OursDining_Top.html
インスタグラム、フェイスブックあり

那須高原の草木花の美しき香りと四季折々、大地から伝わる滋養を体中で味わっていただけますと幸いです。

店主の濱口正遠さん
淳子さんご夫妻

ACCESS

那須ICから北へ約5km
（車で約9分）

の味わいや栄養を生かして自家製造しています。

5月から11月の間の第2・第4土曜日には、生産者仲間とともに「大日向マルシェ」というオーガニックマルシェを開催。無農薬・無化学肥料で栽培された採れたての旬野菜などの農産品から始まり、豆腐、納豆、お茶やパンなどの加工品、地域の素材をアップサイクルした作家さんの布小物などが並び、時にはワークショップも催される、那須のおおらかな自然の中のにぎやかなマルシェです。

里山の風景が目に浮かぶ 種から育てた「わたね」のお弁当

里山の旬を詰め込んだ心温まる「わたね」のお弁当。

PICK UP
LUNCH ①

ランチと言えば、忘れてはいけないのがお弁当。コロナ禍以降、ケータリングやテイクアウトなどの充実する店が格段に増えました。目も心も体も喜ぶおいしさが詰まっています。

心を込めたもてなしのお弁当

女子会、ピクニックに大活躍！

わたね

芳賀郡市貝町

里山旬菜弁当　1,300円

市貝町には、懐かしさと安らぎが感じられる日本の美しい農村風景が広がっています。その魅力に惹《ひ》かれ、この地に移り住んだ倉本祐樹さん、芙美さん夫妻は、里山の恵みを受けながら自然に寄り添った農業を営んでいます。

倉本さんは「山と畑はつながっている」と言います。まだまだ寒さの厳しい里山の1月、山からたくさんの落ち葉をかき集めて積み上げます。そこに、落ち葉、米ぬか、ふすまなどを混ぜて踏み固めていくと、発酵熱で種の発芽を促すことができる「踏み込み温床」ができます。春夏の野菜作りは、この時からすでに始まっているのです。温床の落ち葉は発酵が進むと苗床の土や畑の肥料になり、やがて土に還っていきます。山から畑まではこのようにつながり、循環しているのです。

日本で昔から行われてきた生活の知恵や農法を守り、生態系や環境に負荷を与えないこと、農薬や化学肥料を使わずに誰もが安心して食べられるものを作ること、野菜本来の個性を探求することなどを大切に、倉本さん夫妻は今日も四季折々の野菜や小麦、大豆などを育てています。

山からなだらかにつながる畑には、「ときわ地這いきゅうり」など在来種の露地野菜がすくすくと育っています。それらは野菜本来の味が濃く、体に染み入るようなやさしい味がします。

そんな野菜のおいしさを伝えようと、予約制のお弁当販売を始めたそうです。日本料理店で修業された経験もある祐樹さんが腕を振るい、奥さまの芙美さんの得意料理も盛り込まれた「わたね」のお弁当は、品数が豊富で野菜がと

倉本祐樹さん
芙美さんご夫妻

里山の循環資源を大切に四季折々の野菜、小麦、大豆を育てています。里山と畑の恵みをお弁当に詰めました。

1. ハチマン小麦の白くない「わたねうどん」。ふすまを残した豊かな味。2. 旬の野菜の命の輝き。3. 野菜のおいしさを伝えるキッチン。4. わたねの畑とつながる野菜の定期便も人気。

里山からつながる畑。種から育てた野菜の成長を笑顔で見守る倉本さんご夫妻。

3

1

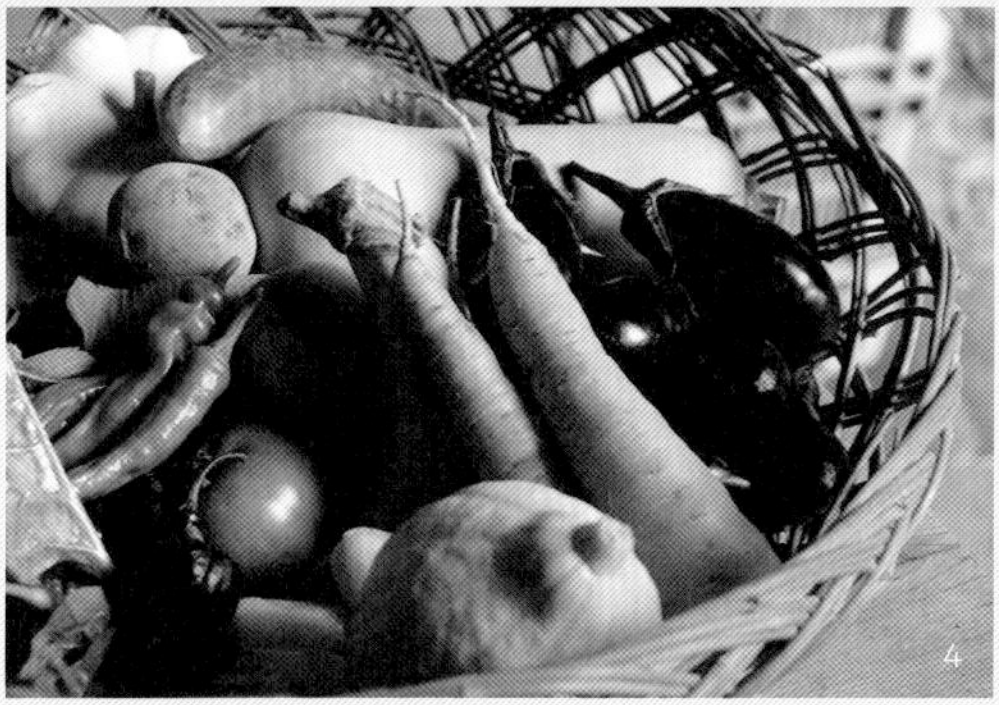

4

2

にかくおいしいと評判です。ふたを開けると、まるでその季節の里山の風景が目に浮かぶようです。

「わたね」の由来は、「よく笑い、よく食べて、よく眠る」から。それは、人間らしい暮らしの中にある「しあわせの種」でもあります。倉本さんの野菜は、地元の小学校の給食でも時折使用されます。「地域にも環境にも少しでもいい影響があれば」と笑顔で語るご夫妻は、今日も丁寧に畑や自然と向き合っています。

□MENU

里山旬菜のせ弁当 1,100円／里山旬菜弁当 1,300円／里山旬菜弁当四つ切 2,500～3,000円

□ACCESS

市塙駅から北へ約6.5km（車で約11分）

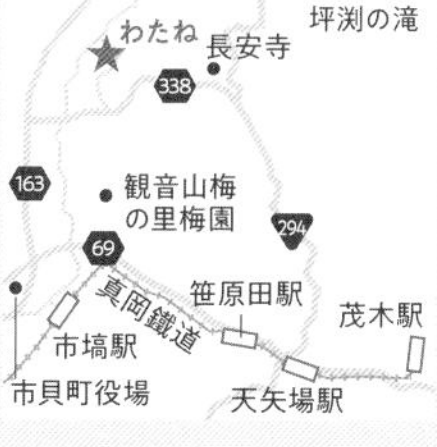

□INFORMATION

(住)芳賀郡市貝町田野辺1091 (TEL)090-7373-6473 (営)ご希望の時間にお届けします (休)火曜、第2・4金曜（公式サイトのご予約カレンダーをご確認ください） (URL)https://watane-farm.com/ (SNS)インスタグラム、フェイスブックあり
【デリバリーの受付】電話または公式サイトから。お弁当は5個以上、10日前までに。配達エリアは宇都宮市、芳賀郡内。宅配料500円～。（その他のエリアご希望の方はご相談ください）

□INFORMATION

㊟栃木市都賀町大柿1312
TEL 0282-92-8739
営 11:30~15:00（最終受付13:30）
休 金曜　席 85席　全席禁煙　予約可
¥ 電子マネー可※PayPayのみ
URL https://hananoenosato.jp/
SNS インスタグラムあり

花之江の郷
とらっせバイキング

はなのえのさと　とらっせばいきんぐ

栃木市都賀町

こよみ弁当　3,120円

季節の移り変わりを木々の色づきで感じられるバイキングレストラン。春は桜、夏は花菖蒲、秋は紅葉、冬はネコヤナギなど、約60種類の草花が楽しめる「自然植物園」が併設されています。国道沿いとは思えない、非日常感。店のオープンに合わせて続々と人が訪れ、店内の座席はあっという間に埋まります。池の

四季折々の景色と料理が楽しめる
レストランの、おもてなし弁当

バラエティに富んだ料理が楽しめる
「こよみ弁当」で四季を感じて。

1.初夏の池の辺りは生き生きとした緑色。水鏡も美しい。2.秋には落葉樹が一斉に色づき、より一層魅惑的な景色に。3.店内では地場の新鮮野菜を使ったバイキング料理が堪能できる。

コメント／齋藤清美さん
写真／かえるの置物と蓮

季節のお野菜を使った料理を中心に、体にやさしいメニューを作ってお待ちしております。

□ MENU

■バイキング
大人 1,850円、小学生 1,180円、幼児2歳～3歳 580円、4歳～6歳 880円
■さばの味噌煮（テイクアウト）
428円
■弁当各種（注文は4個以上から）
1,080円～

□ ACCESS

栃木ICから北へ約7.9km
（車で約13分）

ほとりに建つテラス席から望める、景観の素晴らしさ。窓枠が額縁となり、切り取られた庭園がまるで一枚の絵画のように、壁に四季を映します。連日、この美しい景色をカメラに収めようと、写真愛好家の方たちが撮影に訪れるのも納得です。

店の営業はランチタイムのバイキングのみ。というのも、自然豊かな環境ゆえに、夜には野生動物が遊びに来るのだとか。来訪者の安全と自然環境維持の観点から、日中にだけ楽しめる店内での〝ヒーリングランチ〟。弁当やオードブルなどは予約購入ができるので、ディナーにはテイクアウトがおすすめです。弁当の注文は、4個以上から。自家菜園で採れた野菜や、地域食材をふんだんに使用した弁当は、特別な日の会食にも最適です。

1

店長の矢野貴士さんと
シェフの康子さん親子

ホッとするひとときとなるお弁当を、心を込めて作っています。配達なども行っておりますので、ぜひご利用ください。

2

レストラン Hummingbird

れすとらん　ハミングバード

宇都宮市西川田町

安心安全な栽培法にこだわった地元農家直送の新鮮野菜をふんだんに使った、手作り料理が人気のレストラン。交通量のある通りに面していながらも、店内に一歩足を踏み入れれば、そこに広がるのは、明るい光と木の温もりに包まれた心地良い空間。そして、大開口から眺められる、のどかな田園風景です。

ランチタイムは、多くの女性客や小さなお子さま連れのグループ客でにぎわう店内。食欲をそそる彩り豊かな見た目と、栄養バランスを考慮した和洋折衷からなるヘルシーなランチメニューは、どれもボリューム満点。しかも2週間ごとに献立も変わるので、リピーターを飽きさせることはありません。また、ランチ

ハミング弁当　1,620円

□INFORMATION

(住)宇都宮市西川田町521-1　(TEL)090-8773-1323
(営)11:30~15:00 (休)火曜 (席)34席　全席禁煙　予約可
(¥)カード可　電子マネー可 (URL)https://restaurant-hummingbird.jp
(SNS)インスタグラム、フェイスブックあり

同様に評判なのが、充実のテイクアウトメニューです。店長の矢野貴士さんにとって、テイクアウトメニューのメインであるお弁当は、お母さまであるシェフの康子さんとの思い出が詰まった、特別な一品。康子さんが、幼かった貴士さんを思って作り続けていた愛情たっぷりの手作りのお弁当は、今ではたくさんのお客さまのもとへ、温かな真心とともに届けられています。

□MENU

※いずれもテイクアウトメニュー

楓 2,500円／和豚もちぶた酢豚弁当 1,000円／ハンバーグトマトチーズ弁当 1,000円／唐揚げ（油淋鶏ソース）弁当 1,000円／花ぐるま弁当（お子さま用）700円

□ACCESS

西川田駅から南西へ約1.6km（車で約5分）

1. ゆっくりとした時間が過ごせる明るく開放的な店内。2.「ハミング弁当」に付く「花ぐるまの彩りサラダ」。ドレッシングも手作り。3. 栃木街道沿いにある店舗。建物を美しい植栽が囲む。

安心安全な旬の新鮮野菜が主役の真心がたっぷり詰まった愛情弁当

手作りの味わいがうれしい、メインがおまかせの2種の「ハミング弁当」。

雑穀玄米に大豆ミートの唐揚げや車麩のフライなど、10種類以上の副菜を楽しめるヘルシーなランチボックス。

アートのように料理も表現。新たな“ナチュラル・ファーストフード”

Levon Helm

リヴォン ヘルム

宇都宮市大曽

オーガニックランチボックス（Grande）
1,600円

1970年代に建てられた、古びたテナントを自ら改装。有機無農薬食材のみを使用したレストランを新たに誕生させた、オーナーシェフの柴崎真希さん。「KINTA氏との出会いがなかったら、きっとこの店を始めてはいなかった」と、店舗プロデュースを担当するご主人と口をそろえて話すように、店内には、益子町で創作活動を行う造形家・KINTA氏の作品が、至る所

□INFORMATION

㊟ 宇都宮市大曽4-8-11
TEL 028-688-8309
営 11:00~14:00、17:00~23:00（L.O.22:00）
休 無休（臨時休業あり） 席 テーブル席最大12席　全席禁煙
予約可（テイクアウト・ディナータイムは完全予約制）
¥ カード不可　電子マネー不可
URL https://levonhelm.jp

オーナーシェフの
柴崎真希さん

当店ではオーガニック料理とともに、造形家KINTA氏の豊かさと美しさに満ちた什器や食器などもお楽しみいただけます。

にディスプレイ。食事を楽しみに店を訪れる方の中には、KINTA氏のファンもいらっしゃるというほど、ぜいたくな空間です。

　無添加、無化調であるのは当然、素材の持ち味を生かすために最小限の調味料で完結させる柴崎さんの料理は〝おいしい〟のは、絶対的なコンセプトであると同時に〝楽しさ〟というエンターテイメント性も重視。それを実現した空間と料理は、唯一無二のものとしてすでに確立しているように見えますが、どうやらご夫妻の夢はまだまだ続きが。

　なんと、レストランの向かいにDINER & BARを改装中。2023年12月オープン予定です。柴崎さん夫妻のボーダレスな人生観は、とどまることを知らないようです。

□MENU

Smallオーガニックランチボックス 1,200円／Grandeオーガニックランチボックス 1,600円／パスタランチ 2,100円／ディナーコース 3,300円

□ACCESS

宇都宮駅から北西へ約1.8km（車で約7分）

1. KINTA氏の作品で構成された2階のイートインスペースは、ギャラリーのような空間。2. 隠れ家のような佇まいの店舗。3. 窓に飾られた作品が影となり、空間に表情を添える。

NASU FARM VILLAGE

ナス ファームヴィレッジ

大田原市狭原

青い空のもと、東京ドーム11個分の広大な緑の大地が広がる「ナスファームヴィレッジ」。ここは、引退した競走馬や、乗馬クラブなどで働けなくなった馬たち――「保護馬」がのんびりと余生を送り、馬の糞を堆肥にして野菜を育てる「循環型農業」も行う牧場です。

窓の外にのどかな景色が広がるレストランで味わえるのは、ファーム産有機野菜をふんだんに使った専属シェフ手作りのメニューの数々。栄養豊富でカラフルな旬野菜の盛付けにもこだわり、ランチBOXで提供しています。自家製ドレッシングにも使われ、馬たちの大好物のニンジンもファームの有機栽培による朝採れです。

ファーム野菜のやさしいカレー
1,200円

ウマ・ヒト・地球にやさしい牧場で
野菜たっぷりランチと非日常を満喫

旬のファーム産有機野菜をふんだんに使ったランチBOXとスイーツもシェフの手作り。

1. ランチBOXは店内でも、牧場の木陰でピクニックを楽しむのもOK（シートは持参）。 2. 馬の背から広大な牧場の景色を楽しめるホーストレッキング。 3.「苺みるく」「黒糖ラテ」を自宅でも楽しめる「苺みるくの素」「ラテベース」も販売。

□ INFORMATION

(住) 大田原市狭原1298-1　(TEL) 0287-54-0009
(営) 10:00～17:00　［ランチ］平日11:00～14:00、土日11:00～15:00
(休) 水曜、第2・第4木曜　※冬季は営業時間、メニュー等の変更あり
(席) 39席（テーブル席・テラス）　全席禁煙　予約不可
(¥) カード可　電子マネー可
(URL) https://nasufarmvillage.com
(SNS) インスタグラムあり

□ MENU

ローストビーフ 2,000円／タコライス 1,300円／黒糖ラテ（HOT・ICED）700円／苺みるく 700円

人気の「苺みるく」やスイーツのソースに使うイチゴは、地元大田原の農園で旬の時期に採れたものを使用。人手不足で摘みきれず、廃棄していると聞き、ファームのスタッフが畑に出向き収穫しているそう。サステナブルな取り組みにも力を入れています。

乗馬経験がない人でも楽しめる「ホーストレッキング」、ブラッシングやニンジンをあげたりできる馬たちとの「ホースセラピー」はホームページまたは電話でご予約ください。

□ ACCESS

那須塩原駅から南東へ約15.9km（車で約28分）

写真／人間が大好きな女の子、メラニア（愛称 メル）16歳

馬たちと触れ合い、スタッフみんなで丹精込めて育てた有機野菜たっぷりのランチで疲れた心を癒やしにいらしてください。

おいしく
楽しく
家族でOK!

かぞくで楽しむランチ

Fill kitchen

フィルキッチン

下都賀郡壬生町

ヤリイカとズッキーニのレモン
クリームパスタ（サラダ&バケット付き）

アパートの駐車場入り口にある店看板を頼りに駐車場方面へと車を進めると、静かな佇まいで来店客を待つ店の姿が現れます。そこは、通りがかりの人の目には付きにくい場所。しかし、それがかえって〝自分にとっての特別感〟を抱かせます。シンプルな白い箱型の外観は、とてもスタイリッシュ。バリアフリーの前庭が紳士的で、ベビーカーや車椅子での来店を心から歓迎している様子が見られます。

店のランチメニューにはパスタやドリア、チキンソテーなど、幅広い世代が親しめる料理がラインナップ。「小さいお子さま連れでも、気兼ねなく食事ができる店にしたい」

PICK UP LUNCH ②

家族でワイワイ食卓を囲むしあわせな時間。老若男女がともに食事を楽しめるチャイルドフレンドリーな店。幅広い世代が親しめる料理をというメニューへの配慮もうれしいポイントです。

広々とした空間にゆったりと置かれたテーブル席。 冬には暖炉が温もりを届ける。

と導き出された店の在り方は、とてもおおらか。オーナー夫妻の包容力は、客席の在り方からメニューの内容に至るまで、随所で感じられます。「自分たちで店をやるなら、レストランに入りづらい事情がある人たちでも、気軽に来店してもらえるような場所にしたいと思っていました」とは、奥さまの瞳さんの言葉。自身の子どもたちが幼かったころ、他のお客さまに気後れしてしまい、個人店に入りにくかったという経験から、肩肘を張らずに遊びに来られる店に理想を抱いていたそうです。同店で提供する料理は「農家さんが食べて欲しい旬の野菜×シェフが作りたいもの」。料理

オーナーの東伸彦さんと
瞳さんご夫妻

地場の旬野菜をふんだんに使った料理を提供しています。おひとりさまでも、ご家族でも、お気軽にお越しください。

地元の旬のおいしさを堪能できる
気軽に訪れたい癒やしのレストラン

季節の食材を使ったパスタと新鮮野菜のサラダ。色彩豊かな料理に心が浮き立つ。

1. ブランケットに感じるもてなしの心。2. 素材を生かしたドアやベンチがおしゃれな店先。3. 自家菜園のブルーベリーで作った「ブルーベリーチーズケーキ」。4.「表町ファーム」から仕入れた新鮮野菜。

MENU

季節のパスタ 1,600円~／チキンソテー 1,500円~／ドリアランチセット 1,650円~／ベイクドチーズケーキ 500円~／自然派ワイン・ボトル各種 4,000円~、グラス 750円~

INFORMATION

㊟ 下都賀郡壬生町本丸2-4-11　TEL 0282-51-3913
㊒ 11:30~15:00（L.O.14:00）
【金・土】11:30～15:00（L.O.14:00）、18:00～21:30（L.O.20:45）
㊡ 月曜、隔週日曜（臨時休業あり）※インスタグラム要確認
(席) 23席　全席禁煙　予約可※ランチタイムは11:30or12:00のみ予約可
(¥) カード可　電子マネー可※PayPay、LINE Payのみ
(SNS) インスタグラムあり

のジャンルを決めることなく、提携農家から運ばれてきた野菜や、自分たちで育てた農作物からインスピレーションを受けて、その日のメニューを決定します。そのため、ディナータイムのメニューに並ぶのは、イタリアやスペインなど、さまざまな国の料理。「私たちのスタンスは、あくまでも〝レストラン〟。季節により異なる、その時期ならではの、いちばんおいしい食材を取り入れて、旬の味覚を楽しんでもらいたい、と思っています」。肉や魚の仕入れは、信頼を寄せる卸業者から。納品の際には、毎回その道のプロから常に新しい情報をインプット。シェフの経験と新たに得た知識から生み出される料理の数々には、私たちを喜ばせるエッセンスがたくさん詰まっています。

ACCESS

壬生駅から北西へ約1.1km
（車で約3分）

French food マレ

フレンチフード まれ

下野市下古山

お子さまプレート　700円

下野市の「グリムの森」から西へ5分ほど歩を進めた先にあるフレンチレストラン。フレンチ、と聞くと敷居が高い印象を抱きますが、ここはいたってカジュアル。元々、軽食を楽しむカフェをイメージして店をオープンしたとあり、店内は木の温もりあふれる素朴な雰囲気。そのリラックスした空気感はまるでフランスの片田舎を連想させます。

同店の人気は、季節の彩りをあしらった肉や魚がメインのランチコース。カフェのスタンスだった開店当時、不定期で出していた肉料理に人気が集中。その後、お客さまから「魚料理が食べたい」とオーダーをいただいたことをきっかけに、現在のラインナップへとメニューが進化しました。

旬のおいしさ満載の新鮮食材を インフォーマルなフレンチに

豚肉のコンフィと季節の彩り野菜が楽しめる「お肉のランチ」で、カジュアルなフレンチを満喫。

1. 随所に置かれたアイテムに、センスの良さを感じるナチュラルな店内。2. 大谷石と枕木のアプローチを通り、入り口へ。花木が来訪者を出迎える。3. 廃材やフランスのアンティークの扉などを用いて店主自ら作り上げた店内。

□ INFORMATION

㊟ 下野市下古山733　TEL 0285-52-0073

営 [ランチ] 11:30～15:00（L.O.14:30）［ディナー］18:00～22:00（L.O.21:30）

※ランチタイムの予約は11:30入店または12:30入店のみ
※ディナータイムは1日1組限定。2名様6,500円～、3名様4,500円～、4名様3,500円～（要事前予約）。

休 日曜、第1・3月曜

席 22席　全席禁煙　予約可※ランチタイムは11:30or12:30のみ予約可

SNS インスタグラムあり

お客さまの要望に寄り添った料理は徐々に評判が伝わり、一度訪れた人が友人を連れて再訪したりと、人気の輪が広がっています。

絵画のような一皿に必須な野菜は、近隣農家や壬生町の「表町ファーム」などから仕入れた地場のもの。日常に溶け込むフレンチは、「少し洒落たいけど、気楽に食事を楽しみたい」という乙女心にマッチすること請け合いです。

□ MENU

ワンプレートランチ 1,500円／お肉のランチ 1,800円～／お魚のランチ 1,800円～／ミニデザート 150円～／ドリンク 200円～

□ ACCESS

石橋駅から北西へ約2.5km（車で約8分）

コメント／柏崎好邦さん
写真／カンキチ工房のコロッコ

季節の地場野菜を使ったカジュアルなフレンチを用意しています。カフェに足を運ぶような感覚で、お気軽にお越しください。

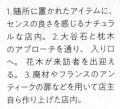

のどかな田園風景で心安らぎ
手が込んだ洋食は心温める

洋食レストランKing

ようしょくれすとらん キング

下都賀郡壬生町

「Kingダブルハンバーグランチ」に「キッズセット」を付けて。 親子で料理をシェアできる。

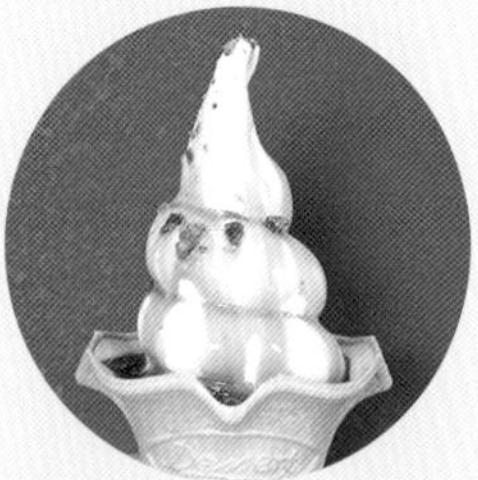

モコモコミルクソフトクリーム
(キャラメル&アーモンドナッツ) 480円

INFORMATION

(住) 下都賀郡壬生町国谷1117-1 (TEL) 0282-82-8129
(営) [ランチ] 11:00～15:00 (L.O.14:00)
[ディナー] 17:00～21:00 (L.O.20:30)
※ディナーは前営業日までの予約制
(休) 木曜、臨時休業あり
(席) 20席　全席禁煙　予約可　カード可
(SNS) インスタグラムあり

「壬生町おもちゃ博物館」がある、「とちぎわんぱく公園」や、北関東自動車道「みぶハイウェイパーク・道の駅みぶ」の程近くにある洋食店。オーナーの坂田剛さんは、東京・上野の洋食店や宇都宮市の人気店「りべるた食堂」で腕を振るってきた料理人。快活な奥さまの亜美さんとともに、「地元活性化のために、壬

オーナーの坂田剛さんと
亜美さんご夫妻

本格的な洋食を味わいに、ぜひ壬生町まで足をお運びください。

生町で店をやりたい」と、自身の生まれ故郷で出店先を探し、店を構えました。以前から好きだった動物界の王者・ライオンを看板に描き、店名に「King」を付けたのは、洋食の世界を極めて、いちばんに登り詰めたいから。「食べたひと口目から〝おいしい〟って言っていただけるような料理を提供したい」。と、ソースの要であるブイヨンから手作り。特製デミグラスソースを用いた料理が、同店の人気メニューです。

生と炒めの玉ねぎ2種を使い、食感にアクセントを持たせたハンバーグや、上質な肉のステーキ、パスタやスイーツなど、あらゆる世代に愛されるメニューがずらり。予約制のディナータイムは、家族や仲間たちで催すカジュアルなパーティーにも最適です。

□MENU

国産ランプステーキコース5,000円／ハンバーグミートソース 1,680円／ふわふわキッシュ（1ピース）380円／紫キャベツとニンジンのラペ 280円／ビーフストロガノフ ミニハンバーグ弁当 2,000円

□ACCESS

国谷駅から西へ約950m
（徒歩で約13分）

1.坂田さんの思いが込められた店看板。2.田園風景の中に溶け込む茶色の外観に、赤い看板とドアの青が目を惹《ひ》く。店前と左横の敷地が駐車場。3.夏は、店の窓から「壬生ふるさとまつり花火大会」が望める。

地元の食材を存分に生かした センスあふれる極上イタリアン

栃木のブランド魚「ヤシオマスのマリネ」など、地元の食材とイタリアンを見事に融合させた心華やぐ前菜の一皿。

Trattoria Gigli

トラットリア ジッリ

日光市松原町

東武日光駅から徒歩3分、この店の料理を味わうためだけに日光を訪れるお客さまもいるほどの名店。大通りに面した重厚な木の扉をくぐると、店内の落ち着いた雰囲気と温かな接客に迎えられ、ゆったりと料理を楽しむことができます。

オーナーシェフの竹谷さんが腕を振るうのは、本格イタリアンの伝統と地元の厳選食材を融合させたセンスの光る料理の数々。例えば、日光名

湯波のカプレーゼ

MENU

- ■ サラダ・パスタ・フォカッチャ・ジェラート・ドリンク 1,650円
- ■ サラダ・前菜・パスタ・フォカッチャ・ドルチェ・ドリンク 2,200円
- ■ シェフのお任せコース 4,180 円
（前菜2皿・パスタ・フォカッチャ・メイン・ドルチェ・ドリンク）

INFORMATION

㊟日光市松原町10-11 ℡0288-28-9028 ㊢11:30～15:00（L.O.14:00）、17:30～22:00（L.O.21:00）㊡水曜、第2火曜、年末年始（12/31、1/1休み）㊫テーブル席16席　全席禁煙　予約可 ¥カード可　電子マネー可

産の「湯波のカプレーゼ」は、とろとろのストラッチャテッラチーズとの相性も良く、まろやかでここでしか味わえない逸品。栃木のブランド魚「ヤシオマス」と地場野菜のマリネは、味もさることながら目にも美しい一皿です。パスタは、3～4種類の中から選ぶことができ、中でもカルボナーラは、太さにもこだわったパスタに、卵とチーズのコクがしっかりと絡み、黒コショウの程良いアクセントが絶妙です。「日光HIMITSU豚」をしっとりと焼き上げたメインの肉料理は、お子さまからご年配の方までどの年代にも喜ばれているそうです。素材や調理だけでなく器やカトラリーにまで心を砕いたもてなしも相まって、ドルチェの最後の一口までおいしいひとときが楽しめます。

1. 大通りの喧騒を忘れて、ゆったりと食事が楽しめる居心地の良い店内。2. 白亜の壁に映える木製のドアとおしゃれな看板が温かく迎える。3.「日光HIMITSU豚のロースト」。肉質はしっとりやわらかくほのかな甘みが絶品。

ACCESS

東武日光駅から西へ約150m
（徒歩で約3分）

オーナーシェフの
竹谷茂樹さん

お一人はもちろん、デートでもご家族連れの方でも、どうぞ気兼ねなくゆったりとした時間をお過ごしください。

1

オーナーの
三村慎さん

食事はもちろん、男体山や中禅寺湖を一望できる景色を楽しみ、大自然を体感しに来てください。

2

ZEN RESORT NIKKO

ゼン リゾート ニッコウ

日光市中宮祠

奥日光、中禅寺湖のほとり、目の前には雄大な男体山がそびえ立ち、息をのむほどの絶景が広がります。その景色を思うままに堪能しながら、ちょっとぜいたくなリゾートランチを味わうことができる「ZEN RESORT NIKKO」。グランピングなど自然を満喫できるアウトドア複合施設ですが、カフェや食事のみの利用も可能です。その味も評判で、確かな腕を持つシェフが地元の食材を生かしたオリジナルメニューを振る舞っています。

例えば、「霧降高原牛ハンバーグステーキ」は、熱々の上質な肉汁とその風味を引き立てる2種のソースが食欲をそそり、お子さまから大人まで笑顔にする大人気のメニューです。また、「日光カルボナー

日光カルボナーラ　1,980円

INFORMATION

㈲日光市中宮祠2482-1-27 TEL 0288-25-7070 営［ランチ］10:30-15:00（L.O.15:00）［カフェ］10:30-16:30（L.O.16:00）［ディナー］17:30-21:00（L.O.19:30）※ディナーは当日15時までの予約制 休 水曜、不定休あり（営業カレンダーをご確認ください）席 テーブル席36席　テラス席11席（ペット可）　全席禁煙　予約可 ¥ カード可　電子マネー可 URL https://zen-nikko.com/ SNS インスタグラム、フェイスブックあり

ラ」は、平飼い卵の濃厚さに加え、自家製パンチェッタの程良い塩味と地場野菜の苦みのアクセントのバランスが抜群で大満足の一皿です。

かつて都会で出会い、意気投合した同い年の若者たちがオーナーの地元であるこの地に2021年にオープン。地元の活性化も願い「まだ夢半ば」と真剣に語る彼らの熱意が訪れる人の心を捉えているのかもしれません。

□MENU

霧降高原牛ハンバーグステーキ 2,200円／日光カルボナーラ 1,980円／頂マスと魚介のアクアパッツァ 2,450円／Lunch Set（サラダ・ブレッドまたはライス・ドリンク）+800円／日光産平飼い卵の濃厚プリン 450円

□ACCESS

清滝ICから西へ約14.5km
（車で約21分）

1. テラス席は中禅寺湖と男体山の大パノラマを満喫できる特等席。 2.「日光産平飼い卵の濃厚プリン」。自然と一体化できるカフェタイム。 3. グランピング施設の一角にはサウナも完備。 自然を感じながら整う体験を。

「霧降高原牛ハンバーグステーキ」。 デミグラスソースまたはBBQソースで。

中善寺湖畔の絶好ロケーションで
大自然を満喫するリゾートランチ

空間と風景を楽しむランチ

そこに行くからこそ味わえる素敵な空間やロケーション。心地良い空間に身を委ね、おいしい料理に舌鼓。なんだか良いひらめきが生まれてきそうです。

上）「懐石料理はストーリー」と、献立にさまざまな思いを込める田巻さん。契約農家から仕入れる県内産の新鮮な野菜を使った煮物は、田巻さんの自慢の一品。左下）2階につながる階段もアートな雰囲気。右下）保管庫として使われていた趣ある店舗。

和食｜宇都宮市

和食 了寛

わしょく りょうかん

駅を中心に、放射状に伸びる街並みが特徴的な南宇都宮エリア。この一角に、昭和中期に建造された、大谷石の石蔵群があります。

もとは政府米の備蓄倉庫として使用されていたという巨大石蔵。現在は、これらの石蔵は飲食店やスタジオなどに再活用され、この街の新たな魅力の一つとなっています。

そして、味噌を作るための米の保管庫だった一棟の古い倉庫を改装し、２００７年に誕生したのが、正統派和食を提供する「和食了寛」です。中の様子をうかがい知ることができない、全面トタン貼りの外観。正面玄関の小窓を横目に、店内へとつながるエントランスに足を踏み入れると、一切の無駄を省いたシンプルな空間が広がります。吹き抜

洗練された美食空間で堪能する
五感で味わい魅せる、懐石料理

MENU

【昼】雅（先付・前菜・椀物・造り・煮物・焼物・飯物・甘味）5,500円／夢 7,700円／華（平日のみ）3,300円　【夜】雅 6,600円／夢 8,800円／凛 12,100円

半個室も備えた1階。 高い天井の昔ながらの梁や足元の大谷石、 巨大な倉庫扉など古の素材が、 現代に応じた唯一無二のインテリアとして、魅力ある空間を造る。

けの梁《はり》や手彫りの大谷石など歴史ある古いものと、現代の新しいものと対比させ、モダンでスタイリッシュに演出。絵画や花器など美術品が映えるよう、白を基調にした店内は、研ぎ澄まされた空気が流れ、程良い緊張感に心が引き込まれていきます。

都内の割烹料理店で修業を積んだ、店主の田巻了寛さん。四季折々の美しい風景を物語に例えるかのように、先付から甘味まで細部にわたり、田巻さんの抜かりのない技術と感性が表現された懐石料理。「旅先で口にした『呼子イカ』の味わいに衝撃を受け、海なし県である地元でも鮮度の良い魚介類を楽しんでもらいたいと、旅行から帰ってすぐに会社に辞表を出しました」と、料理人になったきっかけ

上）記念日や接待など大切なひとときに相応しい完全個室を2階に完備。 左下）こだわりの器に盛り付けられた「五島列島産のお造り」と椀物、 焼物。 右下）大谷石をあしらったエントランス。

左）コースの最後を飾る自家製あんみつ。天然の天草で作る寒天は、ほのかに海の味わいを感じられると評判。右）小上がりのカウンター席。ワインも充実。

DATA

住 宇都宮市吉野1-7-10
TEL 028-611-1711
営 11:30～14:30（最終入店13:00）
18:00～22:00（最終入店19:30）
休 月・木曜
席 30席　全席禁煙　予約可
¥ カード可　電子マネー不可
URL https://ryo-kan-utsunomiya.gorp.jp/
インスタグラム、フェイスブックあり

ACCESS

南宇都宮駅から北へ約190m
（徒歩で約3分）

お客さまにとって最高のお時間となるよう、スタッフ一同、心からのおもてなしをさせていただきます。

店主の
田巻了寛さん

を懐かしそうに話す田巻さん。コースの主役であるお造りに登場するのはもちろん、田巻さんの人生を変えたといっても過言ではない、五島列島産の旬の活鮮魚です。地元の契約農家から仕入れる新鮮な野菜だけを使った煮物もまた、同店の真骨頂と言える一品。趣ある和食器に盛り付けられた品々は、洗練された空間とともに、五感を揺さぶる和食として食通たちを惹《ひ》きつけます。

「大切な日にどこかへ食べに行こうとなった時に、真っ先に頭に浮かんでもらえる店でありたい」田巻さんのそんな思いは、もうすでに現実のものとなっているはずです。

宇都宮アルプスの森　京屋茶舗

うつのみやあるぷすのもり　きょうやちゃほ

宇都宮市北部に位置する篠井富屋連峰。通称「宇都宮アルプス」と呼ばれる、この山並みの麓《ふもと》、黒戸山登山口の川沿いに、老舗日本茶専門店が営むカフェレストラン「京屋茶舗」があります。

　鳥のさえずりや川のせせらぎ、木々の揺らぎ。そんな豊かな自然に囲まれた、リゾートライクな時間がゆるやかに流れる同店。丘陵にある古民家をリノベーションし、アンティークとモダンが融合した、落ち着きのある雰囲気に設《しつら》えた店内は、オリジナルの日本茶をはじめとする茶葉、手作りの焼き菓子、茶器などの販売スペースと、日本茶専門店のスキルを生かした、お茶をベースにした新感覚のカフェメニューを楽しめる飲食スペースを完備。自然をダイレクトに感じられる、開放感たっぷりのオープンスタイルのテラス席には、ハンモックやテントも。森にせり出した席からは、うつろいゆく四季折々の風景とともに、バードウォッチングなど自然遊びも

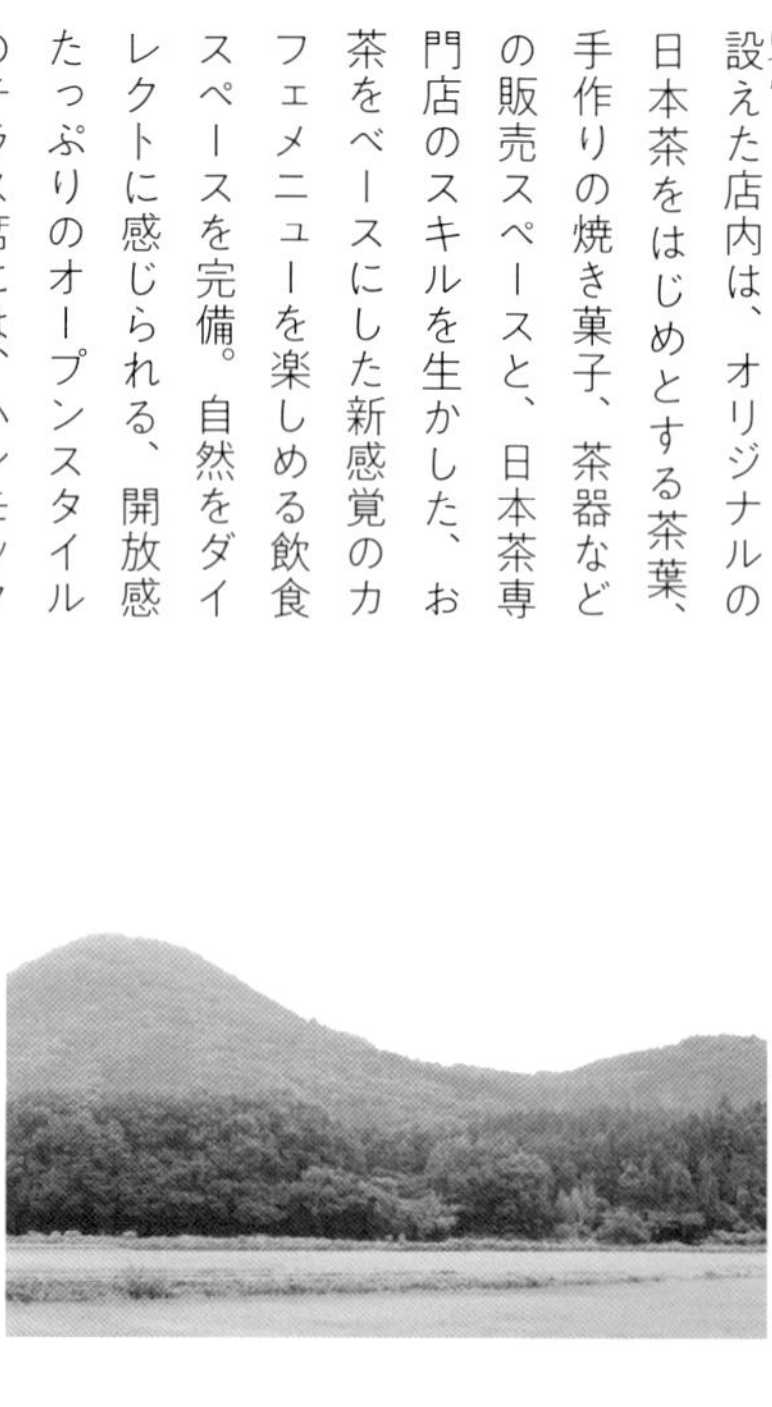

左）季節野菜が鮮やかな「森の抹茶グリーンカレーライス」。抹茶の香りと風味を生かしたオリジナルカレー。右）自然豊かな「宇都宮アルプス」の麓にある同店。

MENU

森の抹茶グリーンカレーライス（ミニサラダ、ドリンク付き）1,650円／濃厚担々麺（ドリンク付き）1,650円／お月見焼きカレーライス 1,089円／森のキノコとトマトの豆乳ホワイトソースドリア 1,089円／ソイテリヤキバーガー 638円

非日常が心と体を解放する
森に佇む自然派カフェレストラン

上）四季折々の自然風景を楽しめるテラス席。 左下）古民家を改装した店内。 安らぎの空間が広がる。 右下）ベジ・ヴィーガン対応の「濃厚担々麺」。 特製スープのコクのある味わいが人気。

楽しむことができます。

お茶が持つ魅力を多くの方に伝えたいと、有機抹茶を使ったカレーやスイーツなど独創的な自然食メニューを展開しています。地元産の特別栽培米や有機野菜、果物、無添加豆乳など体にやさしい食材をメインに、ヴィーガンやハラルにも対応。調理方法や調味料を工夫し、ヘルシーでありながらも、しっかりと奥行きのある味わいに仕立て、ボリューム面でも、満足度の高い創作料理やスイーツを提供しています。

広々とした敷地内にはキャンプサイトも併設。宿泊だけでなく、プライベートサイトを貸し切り、ランチフルコースやティータイムを満喫できるピクニックキャンプメニューは、気軽にアウトドアを楽し

左上）緑に囲まれた店舗。向かいにはキャンプサイトを併設。左下）スコーンやクッキーなど、お茶に合う焼き菓子も販売。右）窓辺にカウンター席を完備。

DATA

㊟ 宇都宮市大網町917-2
℡ 028-678-9069
㊢ 11:30～17:00
㊡ 月・火曜
(席) 80席～
全席禁煙　予約可
(¥) カード可　電子マネー可
(URL) https://94-8.net
インスタグラム、フェイスブックあり

ACCESS

宇都宮ICから北東へ約4.2km
（車で約5分）

自然豊かな丘陵の森のランチは格別です！のんびりとした時間をお過ごしください。

コメント／マネージャーの猪瀬奈穂美さん
写真／店内の装飾品

めるぜいたくなプランとして人気です。

　春夏は木漏れ日とやわらかな風に身を委ねながら、秋冬は揺らめく炎に心を癒やされながら、一年を通して慌ただしい日常から、心身を解放できるひとときを過ごせます。宇都宮インターから車で5分たらずで癒やしの森へ。ぜひ一度、訪れてみてはいかがでしょう。

MENU

ランチセット（メイン料理・パン・デザート・コーヒー）1,880円／スープ420円／テリーヌ 520円

Le Poulailler

ル プライエ

左）斜めの屋根が特徴的なスタイリッシュでおしゃれな外観が目印。右）メイン料理は数種類から自由にチョイス。スープはお好みで追加できる。ランチにはデザートとコーヒーが付いてくるのもうれしい。温かみのある店内でゆったりとしたランチタイムを。

気さくなシェフとの会話も弾む
気取らず楽しめる本格フレンチ

「ボンジュール!」扉を開けると陽気なフランス人シェフに迎えられ、一気に心がほぐれます。ここは、肩肘張らずに本格フレンチを楽しむことができる店「ルプライエ」。宇都宮の市街地からやや離れた閑静な住宅街の一角、ダークブラウンの外壁に片流れの屋根、白いスロープが目を引きます。シンプルで温かみのある店内には大きな窓から陽の光が降り注ぎ、明るい空間の中でリラックスして食事を楽しむことができます。いちばんの特徴は、オープンキッチンと同じ高さのフラットなカウンター席。シェフの手さばきを存分に見て楽しむことができるだけでなく、気さくなシェフと言葉を交わすたびに自然と笑顔になり、おいしい料理とともにリラックスした時間が楽しめます。

　ランチメニューは、メイン料理にパン、デザート、コーヒーが基本のセット。スープやテリーヌをお好みで加え、より本格的なフランス料理としても楽しめます。メインは

上）大きな窓からやわらかな光が差し込む寛ぎの空間。 左下）野菜の旨味が染み込んだ「鶏の煮込み」。 右下）「チェリーのタルト」とコーヒー。 日替わりの本格デザートを楽しみに来店するリピーターも。

「鴨のチョコレートソース」、「兎のマスタードソース」、「羊のコンフィ」など、フランス料理ならではのメニューが人気ですが、旬の野菜の旨味が染み込んだ鶏の煮込みや季節の魚料理など、良い素材が入った時に出合えるメニューも侮れません。デザートも手が込んでおり、「季節の果物のタルト」はもちろん、「チーズケーキ」もちょっとした評判なんだそう。

　店名の「ル プライエ」は鶏小屋という意味のフランス語。縁あって宇都宮で最初にオープンした店が、古道具屋に隣接する小さな小屋だったことから名付けられました。2018年に現在の店舗を建てた時も、その名の通りあまり大きな店舗にせず、オーナーシェフのブノワ ルオーさ

左上）天気の良い日はおしゃれなテラス席でランチを。左下）「冷製トマトスープ」。季節のスープは丹精込めたやさしい味わい。右）シェフとの会話も弾むフラットなカウンター席。

DATA

(住) 宇都宮市西一の沢町5-17
(TEL) 080-4348-0035
(営) 12:00～15:00（L.O.14:30）
18:00～21:00※ディナーは要予約
(休) 日・水曜
(席) テーブル席12席　カウンター席6席
テラス席4席
全席禁煙　予約可
(¥) カード不可　電子マネー可

ACCESS

東武宇都宮駅から北西へ約2.2km
（車で約10分）

お一人でも、カップルでも、ご夫婦でも、お子さま連れでも大歓迎です。ゆっくりとリラックスした時間をお過ごしください。

オーナーの
ブノワ ルオーさん

んが料理からサービスまで一人で切り盛りできるちょうど良いサイズの店に。自分の手で何かを生み出すこと、人に喜んでもらうことが大好きなシェフが丁寧に作り上げた本場の味に魅了され、数多くのファンが足繁く通います。ランチは予約制ではありませんが、席数も多くないため前日までの予約が安心です。

teon

テオン

MENU

ランチコース（メイン・スープ・サラダ・自家製パン・コーヒーor紅茶）1,800円～／デザート 550円～／ドリンク 500円～／ナチュラルワイン 850円～

メインの一種「とりもも肉のソテー グリーンカレーソース」。飽きがこないようにジャガイモのピューレに、ゴルゴンゾーラチーズを加えたソースも。

近年、道路整備や景観整備が進められているJR氏家駅周辺。住民に愛され続けている老舗も多く点在し、古き良き街並みを生かした街づくりが注目を浴びている。「eプラザ参番館」も、魅力あるスポットの一つ。街に溶け込む憩いの場。

手作りの思いが一皿の音色となる
カジュアルフレンチレストラン

　１９４０年代半ばに、米や麦の保冷庫として、JR氏家駅前に移築された、歴史ある石蔵。趣深いこの石蔵を保管しながら、地元市民が飲食を楽しめる場所にしようと、誕生したのが商業集積活性化施設「eプラザ参番館」です。

　フレンチレストラン「teon」は、施設内に入る魅力的な店舗の一つ。本格フレンチをカジュアルなスタイルで楽しめる人気店です。「ソースの残っていない、きれいなお皿をさげる時は、いつも心の中はうれしい気持ちでいっぱいになります」と、やわらかな表情を見せるオーナーの佐藤みちるさん。宇都宮市内のフレンチの名店で、ともに修業を積んだシェフと厨房に立ち、お客さまが心地良い時間を過ごしてもらえるようにと、サーブする時も笑顔を絶やしません。

　二人が手掛ける料理には、農家を営む佐藤さんの実家のさくら市で作られた無農薬野菜や、壬生町にある「ベジファーム」の有機野菜、「那須御養卵」などの厳選素材を使用。〝手の音〟そして〝自分たちでものを作り上げる〟という意味を込めた店名通り、食べる人の健康を気遣い、すべて手作りにこだわった料理を提供しています。ランチタイムは、「手ごねハンバーグ」や「キッシュ」、「鮮魚のポワレ」など4種類程度のメインから好みの一品と、スープ、サラダ、自家製パン、コーヒーまたは紅茶がセットになった、リーズナブルながらも満足度の高いフルコースを、完全予

上）店前にある共有テラス。食後の語らいや待ち合わせなど自由に利用できる。中）カウンターに並べられた器。どれも料理を引き立てる、シンプルで味わいのあるものばかり。下）サービスがきちんと行き届き、ゆっくりと食事を楽しんでもらえるように、こじんまりした空間にテーブル席のみで構成された店内。

左）天井高の石蔵。 客席の一部に吹き抜けがあり、 店内に光が降り注ぐ。 右）厨房では息の合った二人が、 休むことなく料理の仕込みに取り掛かかる。 焼き菓子はオーナーの佐藤さんの担当。

約制で用意。旬の野菜をたっぷりと使った季節感あふれる一皿は、ボリュームもあり、何度来ても飽きがこないと常連客を喜ばせます。

「eプラザ参番館」は、さくら市の新規開業者向け施設であるため、時期が来たら、この場所から、さらに新天地で再スタートを切ることになる同店。現在はコース料理中心で営業を展開していますが、今後は焼き菓子やカフェメニューを充実させるなど、新たな試みも視野に入れているとか。地元生まれ、地元育ち、地元暮らしの佐藤さんですが、これからも、愛してやまないこの街で、かけがえのない夢を、その手できっと、叶えていくことでしょう。

DATA

(住) さくら市1851-1 eプラザ参番館
(TEL) 080-6580-2831
(営) 11:30～14:30、18:00～21:00（L.O.19:30）
※ディナータイムは金～日曜のみ営業
(休) 不定休
テーブル席12席　全席禁煙
(席) 予約可（11:30のランチタイムのみ。
ディナータイムは前日までの完全予約制）
(¥) カード不可　電子マネー可
(URL) インスタグラムあり

開店3周年を記念したドリップパックは、親交のある市内の焙煎所によるオリジナルコーヒー。店内でも提供。

ACCESS

氏家駅から東へ約76m
（徒歩で約1分）

外食時に不足しがちな野菜も、たっぷりとおいしく召し上がっていただけるメニューをご用意しております！

オーナーの
佐藤みちるさん

古民家食堂
tetto grande

こみんかしょくどう　テット グランデ

益子と真岡の町境にひと際大きな屋根が特徴的な古民家レストランがあります。その名も、「tetto grande（テット・グランデ）」。イタリア語で「大きな屋根」という意味。もともと店舗デザイナーだったオーナーの大門康男さんが、明治末期に建てられたこの古民家と運命的に出合い、この地でレストランを開くことを決意しました。そして、オープンキッチンのタイル一枚にまでこだわり、スタイリッシュでありながらも古民家の良さを存分に生かした温かみのあるレストランに生き返らせたのです。松の木の立派な梁《はり》が美しい抜き天井の開放感と、落ち着いたインテリアの統一感により、ゆったりと心ゆくまでおいしい料理を味わうことができる空間になっています。２０１２年のオープン以来、益子の陶器市など、近隣のイベント開催時には、遠方からの客足も多い、評判のレストランです。

　こちらでいただける料理は、イタリア、スペイン、南フラ

左）古民家の良さを生かした開放感のある店内。オープンキッチンの壁面には温かみのあるイタリア製のタイルを用い落ち着いた雰囲気に。右）窓際の席から望む田園風景。

MENU

カルボナーラ パスタランチ 1,200円／トンナート パスタランチ 1,200円／タンドリーチキンカレーランチ 1,200円／カレーグラタンランチ 1,200円／サービスドリンクセット（焼き菓子付）＋270円

大きな屋根の古民家レストランで
南欧の味に満たされるひととき

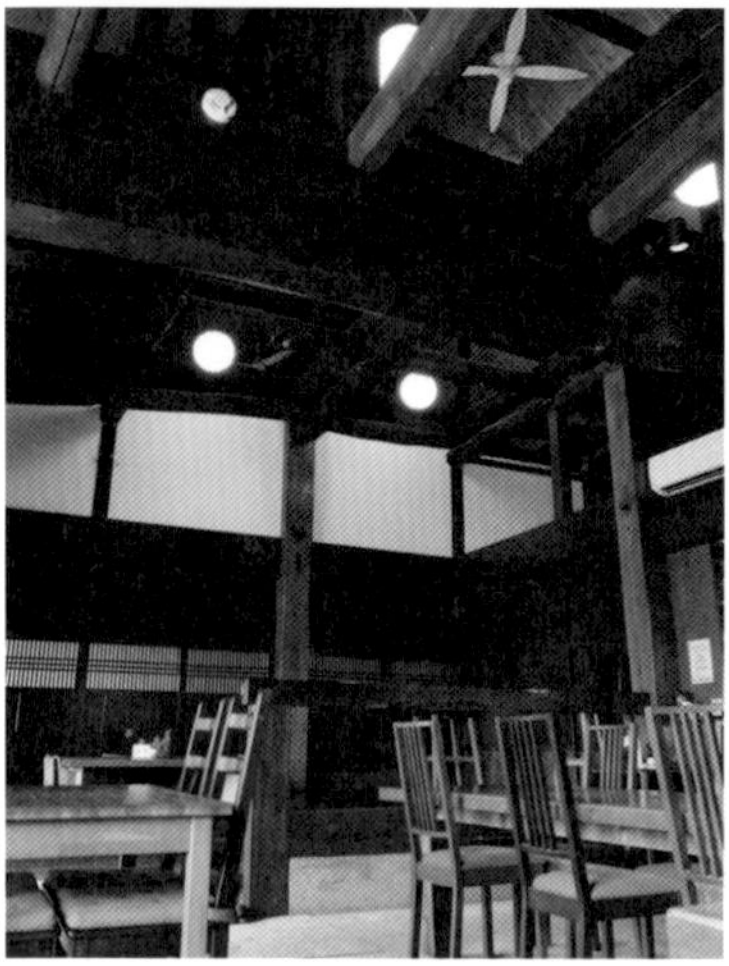

上）「トンナートソースパスタのランチセット」。トンナートはイタリア語でツナソースのこと。どの年代にも好まれる人気のパスタです。左下）高い天井、古民家の立派な梁が美しい。右下）店名の由来になった「大きな屋根」が特徴の古民家レストラン。

ンスなどの南欧家庭料理。中でも「トンナートソースパスタ」はリピーターも多い人気のメニューです。トンナートソースとは、ツナとアンチョビなどを白ワインで煮込んだイタリア、ピエモンテ地方のソース。そのソースをからめた風味豊かなパスタをシャキシャキの地場野菜とともにいただきます。ピリッときいた自家製柚子胡椒が絶妙なアクセントになっていて、最後の一口までおいしい一皿です。小さな手作りパンが付いてくるのもうれしいポイント。もう一つ、これを目当てに来られるお客さまも多い「カレーグラタン」。やや辛口のチキンカレーにチーズをたっぷりとのせ、オーブンで熱々に焼き上げます。じっくりと作り上げたオリジナルスパイスカ

左上）存在感のある薪ストーブは暖をとるだけでなく、ピッツァを焼くことも（冬季、ディナー限定）。左下）床に座って寛げる、趣ある小上り席も。右）手が込んだ味の「カレーグラタン」。

大きな屋根の古民家で、地元の新鮮野菜にこだわった南欧家庭料理をゆったりと味わってください。

オーナーの
大門康男さん

レーのさわやかな辛みとチーズのまろやかさのバランスが絶品です。ランチメニューには地元の無農薬野菜などを使った野菜サラダ付き。サービスドリンクセットには、奥さまの手作り焼き菓子が添えられており、おいしさと心遣いに笑顔がこぼれます。

一世紀を優に超える古民家の中で、時を重ねた日本文化の趣を存分に感じ、和やかに癒やされる至福の時間をお楽しみください。

DATA

㊟ 真岡市西田井1045-1
(TEL) 0285-81-3705
(営) 11:00～14:30（L.O.14:00）
18:30～21:30（夜は事前予約制）
※夜の営業は金・土・日・月曜
(休) 火・水曜
(席) テーブル席14席　カウンター席４席
全席禁煙　予約可
(¥) カード可　電子マネー可
(URL) https://tetto-grande.com/

ACCESS

北山駅から東へ約550m
（徒歩で約7分）

MENU

レモンクリームパスタ（サラダ付）900円／ポットパイビーフシチュー（プレーンパン・ミニサラダセット）1,000円／ドリップコーヒー 550円～／カフェラテ 650円／アフォガード 550円～

カフェ｜那須郡那須町

FRANKLIN’S CAFE COFFEE ROASTERS

フランクリンズカフェ　コーヒーロースターズ

敷地内の自家菜園で採れた野菜のおいしさが堪能できる「タンドリーチキンカレー」はサラダとセット。 柑橘系の香りとすっきりとした飲み心地が特徴のコーヒーとのペアリングがおすすめ。

SCAバリスタが淹《い》れるコーヒーと料理、豊かな自然の調和を楽しむ

東北自動車道那須インターから車で約15分。2,600坪という広大な森林の中に、国際資格であるSCAバリスタを保持するオーナーが営むカフェがあります。都内で会社員として勤務する傍ら、コーヒーを学んでいたころ、東日本大震災が発生。奥さまのご両親が被災地の陸前高田市在住だったことや、人口密度の高い都内での暮らしに少し違和感を感じていたことが相まって、のどかな場所への移住を考えるようになったそうです。しばらくして運命的にこの土地と家屋に出合い、当初は予定していなかったカフェのオープンを決意。2014年4月から人里離れたこの場所で、スペシャルティコーヒーが楽しめるカフェをスタートさせました。

始まりはコーヒーのみの予定でしたが、土地柄を考慮して食事やスイーツの提供も開始。奥さまの母親が料理人だったこともあり、メニューの考案を依頼し、奥さまがレシピ化。バターや小麦粉を使用

左）店先の小屋で販売する「加地さん家の採れたて野菜」。野菜のほか、手作りジャムや薪も並ぶ。右）カナダ直輸入の資材で造られた個性あふれる建物。月日が経つごとに深い味わいを醸し出す。

上）SCAバリスタの手仕事が楽しめるカウンター。 左下）那須の地下水を用いてハンドドリップで淹れるスペシャルティコーヒー。右下）喫煙可のテラス席。 広大な敷地は散策にピッタリ。

しない自家菜園で採れた〝栽培期間中農薬不使用〟の新鮮野菜を用いた料理は、素材のおいしさが堪能できると評判に。今では、コーヒーと料理、美しい風景のアンサンブルを楽しみに、遠方から訪れる人が後を絶ちません。

　おいしい食事と一緒にコーヒーを飲むことでエナジーチャージができたり、注文した料理と相性の良いコーヒーや奥深いコーヒーの知識を教えてくれたり。バリスタたちが紡ぐそのストーリーに耳を傾けているだけで心が満たされます。そういう接客が行えるのは、スタッフ全員がSCAバリスタの資格保持者だから。高いクオリティの味わいを提供し続けることができる確かな技術と知識。プロフェッショナルならではの仕

左上）扱う豆はすべてスペシャルティコーヒー。左下）敷地の山道にある石銘板。 右）カウンター上にはコーヒーの銘柄の表記が。「ゲイシャコーヒー」など、 希少な豆にも出合える。

DATA

㊟ 那須郡那須町寺子乙688-5
TEL 0287-74-2066
営 11:00～18:00（L.O.17:00）
休 水曜
席 21席　店内禁煙（テラス席のみ喫煙可）
予約不可
¥ カード可　電子マネー可
URL https://www.franklins-cafe.com/
インスタグラムあり

ACCESS

高久駅から南東へ約2.3km
（車で約5分）

コーヒー専門店ならではの料理を、那須の豊かな自然の中でぜひお楽しみください。

SCAバリスタ・オーナーの
加地吉則さん

事ぶりが、私たちの束の間のリフレッシュタイムを充実した時間にしてくれます。

　カフェの営業とともに、コーヒーのスペシャリストの育成にも力を注ぐ加地さん。現在は、この場所で「プロフェッショナルコーヒースクール」を開講。日本のコーヒー文化の向上は、那須の里山から始まります。

那須高原の雑木林の中にひっそりと佇む、簡素で美しい木造の小屋。期待に胸を膨らませ、どっしりと重い木の扉に手を掛けます。建築好きという「CUCINA HASEGAWA」オーナーシェフの長谷川和也さん。店を建てる際には、遠路はるばる大阪の憧れの建築家に設計を依頼。予算を抑えながらも理想を叶えるために大谷石の採石場に自ら出向き買い付けをしてくるなど、その行動力には驚かされます。

こだわり抜いて建築された店は、木の温もりを感じる、シンプルでモダンな建物に仕上がりました。店を始める前にまず買いそろえたという、ずらりと並ぶウェグナーのYチェアと壁一面に広がる大きな窓が印象的で、ゆったりと腰掛けて、外に広がる雑木林

イタリアン｜那須郡那須町

CUCINA HASEGAWA

クチーナ ハセガワ

広々とした空と那須高原の緑を渡る風
新鮮な地元食材をシンプルに味わう

左）大きな窓から雑木林を眺める。 右）シンプルでモダンな外観。広い敷地にはたくさんの木が植えられ、 四季折々の自然の風景が楽しめる。

MENU

さかっぱた農園放し飼い鳥卵のカルボナーラセット 2,420円／天谷さんのモッツァレラチーズとトマトソースのスパゲティ 2,750円／季節の素材のスパゲティセット 2,530円～／クチーナスペシャルサラダプレート 2,750円／チョコレートケーキ 550円

や田園風景をいつまでも眺めていたくなるような居心地の良さです。

ランチでいただけるパスタセットは、地元の新鮮な素材を生かしたシンプルなおいしさ。かける手間はしっかりとかけるけれど、余計なことは

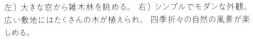

しないという潔さを感じます。2002年の店の開店とほぼ同時期に、那須で最初にチーズ作りを始めた「あまたにチーズ工房」さんとは開店当初からのお付き合い。ランチのパスタでいただける「天谷さんのフレッシュチーズ」は、出来たてを地元でいただくからこその瑞々しいおいしさです。「放し飼い鳥卵カルボナーラ」や「モッツァレラチーズとトマトソース」の定番メニューに加え、季節ごとの旬の食材を使ったパスタも並びます。

どの季節も良いですが、特におすすめは秋とのこと。秋に提供されるのは長谷川さん夫妻が自分たちで山から採ってきたキノコを使ったパスタです。キノコの生えるタイミングを見計らって出かけるので、一日に3つくらいの山を

上）ランチのパスタセットの「天谷さんのモッツァレラチーズとトマトソースのスパゲティ」は、ここでいただくからこそのおいしさ。自家製のパンとともに。左下）コク深い「チョコレートケーキ」とコーヒーは相性抜群。右下）岩手の「すず竹細工」や長谷川さん夫妻の作るカッティングボードやクロスを販売。希少な「すず竹細工」は在庫のない場合も。